As-Sabil السَّبِيل

Band 1

As-Sabil السَّبِيل

Praktisches Lehrbuch zum Erlernen der Arabischen Sprache der Gegenwart

Band 1

Dr. Mohamed Badawi

Dr. Christian A. Caroli

Bibliographische Informationen der *Deutschen Nationalbibliothek*:

Die *Deutsche Nationalbibliothek* verzeichnet diese Publikation in der *Deutschen Nationalbibliografie* – detaillierte bibliographische Daten können über die Internetadresse *http://dnb.ddb.de* abgerufen werden.

1. Auflage 2005, 4. Druck 2010

Dr. Mohamed Badawi; Bodanrückweg 6; D-78467 Konstanz

Telephon: +49/7531/8138195 – Telefax: +49/7531/8138196

E-Mail: info@badawi.de – Website: http://www.badawi.de

Umschlaggestaltung: Sabine Schanz, www.buero-01.de

Druck und Bindung: www.digitaldruckhaus.de

ISBN 13: 978-3-938828-01-4

Inhaltsverzeichnis

Lektion 1 – الدَّرْس الأَوَّل

Texte – نُصُوص

In dieser Lektion sollen hauptsächlich Bestandteile eines elementaren small talks *vermittelt werden. Aus diesem Grunde konzentriert sich diese Lektion v.a. auf Phrasen, die in Umschrift vorgeführt werden. Ihre Anführung auch in arabischer Originalschrift soll lediglich dem Lernenden die Möglichkeit geben, nach dem Erlernen der Schrift in den nächsten vier Lektionen die Phrasen in ihrer originalen Schreibung nachzuschlagen.*
Grundsätzlich besteht auch die Möglichkeit, zunächst das arabische Alphabet im ganzen zu erlernen. Die entsprechenden Lerneinheiten befinden sich in den Schrifteinheiten der Lektionen 2 bis 5. Eine Tabelle mit dem gesamten Alphabet enthält die Lektion 5 (s. S. 104 (L 5, S 2)).

Text 1:
Grüß Gott, ...! – *As-salām ‹alaykum, yā ...* – ... السَّلاَمُ عَلَيْكُم، يَا

Name	Dialog	Übersetzung	Erläuterung
Salma:	*As-salām ‹alay-kum.* السَّلاَمُ عَلَيْكُم.	Friede sei über euch! (Guten Tag)	Anrede
Karim:	*Wa-‹alay-kum as-salām.* وَعَلَيْكُم السَّلاَم.	Und über euch sei Friede! (Guten Tag)	Antwort
Salma:	*Man anta?* مَن أَنْتَ؟	Wer bist du?	männlicher Adressat
Karim:	*Ana Karīm.* أَنَا كَرِيم.	Ich bin Karim.	
Karim:	*Wa-anti, man anti?* وَأَنْتِ، مَن أَنْتِ؟	Und du, wer bist du?	weiblicher Adressat

Salma:	*Ana Salmā.* أَنَا سَلْمَى.	Ich bin Salma.	
Salma:	*Ana min Konstanz, wa-anta?* أَنَا مِن كُونْسْتَانْز وَأَنْتَ؟	Ich bin aus Konstanz, und du?	
Karim:	*Ana min Tūnis.* أَنَا مِن تُونِس.	Ich bin aus Tunis.	
Salma:	*Ahlan, yā Karīm.* أَهْلاً، يَا كَرِيم.	Hallo, Karim.	
Karim:	*Tašarraftu!* تَشَرَّفْتُ!	Angenehm.	
Salma:	*Ma‹a s-salāma, yā Karīm.* مَعَ السَّلاَمَة، يَا كَرِيم.	Auf Wiedersehen, Karim!	
Karim:	*Ma‹a s-salāma, yā Salmā.* مَعَ السَّلاَمَة، يَا سَلْمَى.	Auf Wiedersehen, Salma!	

Text 2:
Bist du Syrer? – *Hal anta sūriyy*? – هَل أَنْتَ سُورِيّ؟

Name	Dialog	Übersetzung	Erläuterung
Salma:	*Salāmāt, yā Karīm.* سَلاَمَات، يَا كَرِيم.	Hallo, Karim!	Anrede
Karim:	*Salāmāt, yā Salmā.* سَلاَمَات، يَا سَلْمَى.	Hallo, Salma!	
Salma:	*Hal anta min Sūryā?* هَل أَنْتَ مِن سُورْيَا؟	Bist du aus Syrien?	*anta* (m.)
Karim:	*Na‹am, ana min Dimašq.* نَعَم، أَنَا مِن دِمَشْق.	Ja, ich bin aus Damaskus.	

Karim:	*Wa-anti, min ayna anti?* وَأَنْتِ، مِن أَيْنَ أَنْتِ؟	Und du, woher bist du?	*anti* (f.)
Salma:	*Ana min Miṣr.* أَنَا مِن مِصْر.	Ich bin aus Ägypten.	
Karim:	*Ana muslim, wa-anti?* أَنَا مُسْلِم، وَأَنْتِ؟	Ich bin Moslem, und du?	
Salma:	*Ana masīḥiyya.* أَنَا مَسِيحِيَّة.	Ich bin Christin.	
Salma:	*Hal anta ṭālib fī Konstanz?* هَل أَنْتَ طَالِب فِي كُونسْتَانْز ؟	Bist du Student in Konstanz?	
Karim:	*Lā, ana mā ṭālib. ana muhandis.* لاَ، أَنَا مَا طَالِب. أَنَا مُهَنْدِس.	Nein, ich bin kein Student. Ich bin Ingenieur.	*ṭālib-a* *muhandis-a* (f.)
Salma:	*Ayna taskunu fī Konstanz?* أَيْنَ تَسْكُنُ فِي كُونسْتَانْز ؟	Wo wohnst du in Konstanz?	*taskunu* (2. Pers. m.)
Karim:	*Askunu fī wasaṭ al-madīna. Wa-anti, ayna taskunīna?* أَسْكُنُ فِي وَسَط الْمَدِينَة. وَأَنْتِ، أَيْنَ تَسْكُنِينَ؟	Ich wohne im Stadtzentrum. Und du, wo wohnst du?	*taskunīna* (2. Pers. f.)
Salma:	*Ana askunu ma‹a ṣadīqatī.* أَنَا أَسْكُنُ مَعَ صَدِيقَتِي.	Ich wohne mit meiner Freundin zusammen.	*askunu* (1. Pers.)
	Ma‹līš, mā ‹ind-ī waqt al-ān. مَعْلِيش مَا عِنْدِي وَقْت الآن.	Entschuldige, ich habe jetzt keine Zeit.	

	Ilā l-liqā› (in šā›a llāh), yā Karīm. إِلَى اللِّقَاء (إِن شَاءَ الله)، يَا كَرِيم.	Auf Wiedersehen (so Gott will), Karim.	*in šā›a llah* (Einschub bei in die Zukunft reichenden Vorgängen)
Karim:	*Ilā l-liqā› (in šā›a llāh), yā Salmā.* إِلَى اللِّقَاء (إِن شَاءَ الله)، يَا سَلْمَى.	Auf Wiedersehen (so Gott will), Salma.	

Text 3:
Bist du hier? – *Anta hunā?* – أَنْتَ هُنَا؟

Name	Dialog	Übersetzung	Erläuterung
Salma:	*Ṣabāḥ al-ḫayr, yā ustāḏ!* صَبَاح الْخَيْر، يَا أُسْتَاذ!	Guten Morgen, mein Herr!	Anrede
Karim:	*Ṣabāḥ an-nūr, yā ustāḏa!* صَبَاح النُّور، يَا أُسْتَاذَة!	Guten Morgen, meine Dame!	Antwort
Salma:	*Anta hunā?* أَنْتَ هُنَا؟	Bist du hier?	
Karim:	*Na‹am, adrusu al-‹arabiyya qalīlan.* نَعَم، أَدْرُسُ الْعَرَبِيَّة قَلِيلاً.	Ja, ich lerne ein bißchen Arabisch.	
Karim:	*Wa-anti, māḏā taf‹alīna hunā?* وَأَنْتِ، مَاذَا تَفْعَلِينَ هُنَا؟	Und du, was machst du hier?	

Salma:	*Sawfa uqābilu ṣadīqat-ī Laylā.* سَوْفَ أُقَابِلُ صَدِيقَتِي لَيْلَى.	Ich werde meine Freundin Layla treffen.	weiblicher Name Futur
Salma:	*Hal tadhabu ilā l-bayt ba‹da dālika?* هَل تَذْهَبُ إِلَى الْبَيْت بَعْدَ ذَلِكَ؟	Gehst du danach nach Hause?	
Karim:	*Lā, sawfa abqā fi l-maktaba ila s-sā‹a talāta.* لاَ، سَوْفَ أَبْقَى فِي الْمَكْتَبَة إِلَى السَّاعَة ثَلاَثَة.	Nein, ich werde bis 3 Uhr* in der Bibliothek bleiben.	
Salma:	*Ṭayyib salām!* طَيِّب سَلاَم.	Also dann, tschüß.	
Karim:	*Ma‹a s-salāma.* مَعَ السَّلاَمَة!	Auf Wiedersehen!	
Salma:	*‹An idni-ka.* عَن إِذْنِكَ.	Wenn du erlaubst (gehe ich jetzt).	
	Idnuk-i ma‹a-ki. إِذْنُكِ مَعَكِ.	Mein Einverständnis sei mit dir (Auf Wiedersehen)!	

* Die Zahlwörter von eins bis zwölf lauten in der passenden Form:
1: *wāḥid* – وَاحِد; **2**: *itnān* – إِثْنَان; **3**: *talāta* – ثَلاَثَة; **4**: *arba‹a* – أَرْبَعَة; **5**: *ḫamsa* – خَمْسَة; **6**: *sitta* – سِتَّة; **7**: *sab‹a* – سَبْعَة; **8**: *tamāniya* – ثَمَانِيَة; **9**: *tis‹a* – تِسْعَة; **10**: *‹ašara* – عَشَرَة; **11**: *aḥad ‹ašar* – أَحَد عَشَر; **12**: *itnā ‹ašar* – إِثْنَا عَشَر.

Text 4:
Fragen nach dem Befinden – *As›ila ‹an al-ḥāl* – أَسْئِلَة عَن الْحَال

Name	Dialog	Übersetzung	Erläuterung
Salma:	*Kayfa l-ḥāl?* كَيْفَ الْحَال؟	Wie geht's?	Frage
Tariq:	*Ana bi-ḫayr,* *al-ḥamdu li-llāh.* أَنَا بِخَيْر، الْحَمْدُ لله.	Mir geht es gut, Gott sei Dank!	Antwort
Salma:	*Kayfa ḥālu-ka, yā Ṭāriq?* كَيْفَ حَالُكَ، يَا طَارِق؟	Wie geht es dir, Tariq?	Frage (m.)
Tariq:	*Ana bi-ḫayr,* *al-ḥamdu li-llāh.* أَنَا بِخَيْر، الْحَمْدُ لله.	Mir geht es gut, Gott sei Dank!	Antwort
Tariq:	*Kayfa ḥālu-ki, yā Salmā?* كَيْفَ حَالُكِ، يَا سَلْمَى؟	Wie geht es dir, Salma?	Frage (f.)
Salma:	*Ana bi-ḫayr,* *al-ḥamdu li-llāh.* أَنَا بِخَيْر، الْحَمْدُ لله.	Mir geht es gut, Gott sei Dank!	Antwort
Salma:	*Kayfa ṣ-ṣiḥḥa?* كَيْفَ الصِّحَّة؟	Wie steht es um die Gesundheit?	
Tariq:	*Ana bi-ḫayr,* *al-ḥamdu li-llāh.* أَنَا بِخَيْر، الْحَمْدُ لله.	Mir geht es gut, Gott sei Dank!	Antwort
Salma:	*Kayfa ṣiḥḥatu-ka.* كَيْفَ صِحَّتُكَ؟	Wie steht es um deine Gesundheit?	(m.)
Tariq:	*Ana bi-ḫayr,* *al-ḥamdu li-llāh.* أَنَا بِخَيْر، الْحَمْدُ لله.	Mir geht es gut, Gott sei Dank!	Antwort

Salma:	*Kayfa ṣiḥḥatu-ki.* كَيْفَ صِحَّتُكِ؟	Wie steht es um deine Gesundheit?	(f.)
Samia:	*Ana bi-ḫayr, al-ḥamdu li-llāh* أَنَا بِخَيْر، الْحَمْدُ لله.	Mir geht es gut, Gott sei Dank!	Antwort
Salma:	*Kayf-ak?* كَيْفَك؟	Wie geht es dir?	Umgangssprache (m.)
Tariq:	*Ana bi-ḫayr, al-ḥamdu li-llāh.* أَنَا بِخَيْر، الْحَمْدُ لله.	Mir geht es gut, Gott sei Dank!	Antwort
Salma:	*Kayf-ik?* كَيْفِك؟	Wie geht es dir?	Umgangssprache (f.)
Samia:	*Ana bi-ḫayr, al-ḥamdu li-llāh.* أَنَا بِخَيْر، الْحَمْدُ لله.	Mir geht es gut, Gott sei Dank!	Antwort
Tariq:	*Mā aḫbār al-usra?* مَا أَخْبَار الأُسْرَة؟	Wie geht's der Familie?	
Salma:	*Al-kull bi-ḫayr.* الْكُلّ بِخَيْر.	Alle sind wohlauf.	
Tariq:	*Mā aḫbār aš-šuġl?* مَا أَخْبَار الشُّغْل؟	Wie steht's mit der Arbeit?	
Salma:	*Kull šay› tamām.* كُلّ شَيء تَمَام.	Alles in Ordnung.	
Tariq:	*Lā bās?* لا باس؟	Wie geht's?	in Nordafrika gebräuchlich
	Bi-ḫayr? بخير؟	Wie geht's?	in Nordafrika gebräuchlich
	Kī dāyir? كي داير؟	Wie geht's?	in Nordafrika gebräuchlich

Salma:	*Al-ḥamdu li-llāh,* *ana bi-ḫēr.* اَلْحَمْدُ لله، أنا بخير.	Gott sei Dank, mir geht es gut.	in Nordafrika gebräuchlich
	Muš baṭṭāl. مش بطّال.	Nicht schlecht.	ägyptisch
	mnīḥ (m.) / *mnīḥa* (f.) منيح / منيحة	gut	syrisch
	kuways (m.) / *kuwaysa* (f.) كويس / كويسة	gut	ägyptisch
	zēn (m.) / *zēna* (f.)* زين / زينة	gut	irakisch
	Māšī l-ḥāl. ماشي الحال.	Es geht so.	ägyptisch
	Zayyi z-zift. زيّ الزّفت.	Furchtbar schlecht.	ägyptisch
	Ḫalīhā ‹ala l-llāh. خليها على الله.	Überlasse es Gott!	ägyptisch

* eigtl. schön/schmuck

Grammatik – اَلْقَوَاعِد

G 1) Grußformeln – اَلتَّحِيَات

a) Allgemeine Grüße – اَلتَّحِيَة

Name	Dialog	Übersetzung	Erläuterung
Salma:	*As-salām ‹alay-kum,* *yā Ṭāriq.* اَلسَّلَامَ عَلَيْكُم، يَا طَارِق.	Friede sei über euch, Tariq! (Guten Tag, Tariq.)	Anrede

Tariq:	*Wa-‹alay-kum as-salām, yā Salmā.* وَعَلَيْكُم السَّلاَم، يَا سَلْمَى.	Und Friede sei über euch, Salma! (Guten Tag, Salma.)	Antwort
Salma:	*Salāmāt, yā Ṭāriq.* سَلاَمَات، يَا طَارِق.	Hallo / Tag, Tariq.	austauschbar
Tariq:	*Ahlan, yā Salmā.* أَهْلاً، يَا سَلْمَى.	Hallo / Tag, Salma.	austauschbar
Salma:	*Marḥaban, yā Ṭāriq.* مَرْحَبًا، يَا طَارِق.	Willkommen / Tag, Tariq.	austauschbar

b) Morgengrüße – تَحِيَة الصَّبَاح

Name	Dialog	Übersetzung	Erläuterung
Salma:	*Ṣabāḥ al-ḫayr, yā Ṭāriq.* صَبَاح الْخَيْر، يَا طَارِق.	Guten Morgen, Tariq. („Einen Morgen der Güte, Tariq“)	Anrede
Tariq:	*Ṣabāḥ an-nūr, yā Salmā.* صَبَاح النُّور، يَا سَلْمَى.	Guten Morgen, Salma. („Einen Morgen des Lichts, Salma.“)	Antwort

c) Tagesgrüße – تَحِيَة النَّهَار

Name	Dialog	Übersetzung	Erläuterung
Salma:	*Nahāru-ka sa‹īd, yā Ṭāriq.* نَهَارُكَ سَعِيد، يَا طَارِق.	Guten Tag, Tariq.	(m.)
Tariq:	*Nahāru-ki sa‹īd, yā Salmā.* نَهَارُكِ سَعِيد، يَا سَلْمَى.	Guten Tag, Salma.	(f.)

d) Abendgrüße – *تَحِيَّة الْمَسَاء*

Name	Dialog	Übersetzung	Erläuterung
Salma:	*Masā› al-ḫayr, yā Ṭāriq.* مَسَاء الْخَيْر، يَا طَارِق.	Guten Abend, Tariq.	Anrede
Tariq:	*Masā› an-nūr, yā Salmā.* مَسَاء النُّور، يَا سَلْمَى.	Guten Abend, Salma.	Antwort
Salma:	*Tuṣbiḥu ‹alā ḫayr.* تُصْبِحُ عَلَى خَيْر.	Schlaf gut! Wach gut auf!	(m.)
Tariq:	*Tuṣbiḥīna ‹alā ḫayr.* تُصْبِحِينَ عَلَى خَيْر.	Schlaf gut! Wach gut auf!	(f.)
Salma:	*Layla sa‹īda.* لَيْلَة سَعِيدَة.	Gute Nacht.	austauschbar
Tariq:	*Layla sa‹īda.* لَيْلَة سَعِيدَة.	Gute Nacht.	austauschbar

e) Bewillkommnung – *التَّرحِيب*

Name	Dialog	Übersetzung	Erläuterung
Tariq:	*Ahlan wa-sahlan.* أَهْلاً وَسَهْلاً.	Herzlich willkommen!	Anrede (allg. gültig)
Salma:	*Ahlan bi-ka.* أَهْلاً بِكَ.	Du bist herzlich willkommen!	Antwort (m. Sg.)
	Ahlan bi-ki. أَهْلاً بِكِ.	Du bist herzlich willkommen!	(f. Sg.)
	Ahlan bi-kum. أَهْلاً بِكُم.	Ihr seid herzlich willkommen!	(m. Pl., inkl. Frauen)
	Ahlan bi-kunna. أَهْلاً بِكُنَّ.	Ihr seid herzlich willkommen!	(f. Pl., nur Frauen)

f) Auf Wiedersehen – مَعَ السَّلَامَة

Name	Dialog	Übersetzung	Erläuterung
Salma:	*Ila l-liqā›.* إِلَى اللِّقَاء.	Auf Wiedersehen! (förmlich)	austauschbar
Tariq:	*Ma‹a s-salāma.* مَعَ السَّلَامَة.	Auf Wiedersehen! (eher "Tschüss")	austauschbar

G 2) Dankformeln – الشُّكْر

Name	Dialog	Übersetzung	Erläuterung
Salma:	*Šukran.* شُكْرًا.	Danke!	Dank
	Šukran ǧazīlan. شُكْرًا جَزِيلاً.	Vielen Dank!	
Tariq:	*‹Afwan.* عَفْوًا.	Bitte! Bitteschön!	Erwiderung
	Lā šukr ‹alā wāǧib. لاَ شُكْر عَلَى وَاجِب.	Keinen Dank für eine Pflicht! (Keine Ursache!)	

G 3) *Ja* und *Nein* – نَعَم وَلاَ

Wort	Übersetzung
na‹am نَعَم	ja
lā لاَ	nein

G 4) Die Vokativpartikel *yā* – يَا

Wird eine Person angesprochen, so wird der *Vokativ* (die Ansprechform) in der Regel durch ein vorangestelltes *yā* - يَا als sogenannte *Vokativpartikel* eingeleitet. Im Deutschen wird diese normalerweise nicht zusätzlich übersetzt.

Name	Dialog	Übersetzung	Erläuterung
Salma:	*Masāʾ al-ḫayr, yā Ṭāriq.* مَسَاء الْخَيْر، يَا طَارِق.	Guten Abend, Tariq.	Anrede
Tariq:	*Masāʾ an-nūr, yā Salmā.* مَسَاء النُّور، يَا سَلْمَى.	Guten Abend, Salma.	Antwort

G 5) Die Satzfrage (*hal* – هَل / durch Intonation)

Fragesätze lassen sich grundsätzlich in zwei Gruppen unterteilen, nämlich in die *Wortfrage* und die *Satzfrage*.

Bei der *Wortfrage* wird mittels eines Fragepronomens (Fragewortes) ein Sachververhalt erfragt. Das Hauptgewicht der Frage liegt dabei auf dem Fragepronomen. Als Antwort wird die Schilderung dieses Sachverhaltes erwartet, die in Form eines Aussagesatzes erfolgen muß (s.a. S. 87 (L 4, G 6)).

Name	Dialog	Übersetzung	Erläuterung
Salma:	*Man anta?* مَن أَنْتَ؟	Wer bist du?	Frage
Tariq:	*Ana Ṭāriq.* أَنَا طَارِق.	Ich bin Tariq.	Anwort

Eine *Satzfrage* fragt nach der Richtigkeit einer bestimmten Aussage. Als Antwort wird eine Bejahung oder Verneinung erwartet. Im Deutschen wird eine Frage dieses Typs durch die *Inversion* (Umstellung) gebildet. In der arabischen Sprache wird zu diesem Zwecke gewöhnlich die Fragepartikel *hal* – هَل verwendet. Sie kann am besten mit der französichen Konstruktion *est-ce que...* oder der lateinischen Partikel *-ne* verglichen werden.

Name	Dialog	Übersetzung	Erläuterung
Salma:	*Hal anta Sāmī?* هَل أَنْتَ سَامِي؟	Bist du Samy?	Frage
Samy:	*Na‹am, ana Sāmī.* نَعَم، أَنَا سَامِي.	Ja, ich bin Samy.	positive Antwort
Karim:	*Lā, ana mā Sāmī. ana Karīm.* لاَ، أَنَا مَا سَامِي. أَنَا كَرِيم.	Nein, ich bin nicht Samy. Ich bin Karim.	negative Anwort
Salma:	*Hal anta hunā fī Būn?* هَل أَنْتَ هُنَا فِي بُون؟	Bist du hier in Bonn?	Frage
Tariq:	*Na‹am, ana hunā fī Būn.* نَعَم، أَنَا هُنَا فِي بُون.	Ja, ich bin hier in Bonn.	positive Antwort
Samy:	*Lā, ana fī Baġdād.* لاَ، أَنَا فِي بَغْدَاد.	Nein, ich bin in Bagdad.	negative Antwort

Daneben besteht auch die Möglichkeit, eine *Satzfrage* mittels veränderter *Intonation* (veränderter Satzmelodie) zu bilden. Dabei wird der Satz formal genauso wie ein entsprechender Aussagesatz gebildet, nur daß wie in einem normalen Fragesatz die Tonhöhe zum Satzende hin steigt. Im Schriftbild wird dies lediglich durch das Fragezeichen am Satzende sichtbar gemacht.

Name	Dialog	Übersetzung	Erläuterung
Samia:	*Anti Sumayya?* أَنْتِ سُمَيَّة؟	Bist du Sumayya?	Frage
Sumayya:	*Na‹am, ana Sumayya.* نَعَم، أَنَا سُمَيَّة.	Ja, ich bin Sumayya.	Anwort

G 6) Personalpronomina

Die arabische Sprache kennt als semitische Sprache nur für den Nominativ Personalpronomina. Sie können daher nur für das Subjekt eines Satzes (den Ausführenden der Satzhandlung) verwendet werden (s.a. S. 79 (L 4, G 3), S. 136 (L 6, G 1), S. 166 (L 7, G 4)).

Person	Singular			Plural		
1. m./f.	أَنَا	*ana**	ich	نَحْنُ	*naḥnu*	wir
2. m.	أَنْتَ	*anta*	du	أَنْتُمْ	*antum*	ihr
2. f.	أَنْتِ	*anti*	du	أَنْتُنَّ	*antunna*	ihr
3. m.	هُوَ	*huwa*	er	هُمْ	*hum*	sie
3. f.	هِيَ	*hiya*	sie	هُنَّ	*hunna*	sie

* Das auslautende *-a* wird bei diesem Wort aus sprachhistorischen Gründen trotz seiner Kürze wie ein Langvokal mit einem ا (*alif*) geschrieben.

G 7) Der Nominalsatz

Die arabische Sprache benutzt im Präsens (Gegenwart) praktisch niemals eine eigene Form für das deutsche Hilfsverb *sein.* Statt dessen werden Subjekt und Prädikatsnomen direkt aneinandergereiht. Dieses Phänomen wird als *Nominalsatz* bezeichnet. Soll ein Adjektiv als Prädikatsnomen verwendet werden, so muß es im *Genus* (Geschlecht) mit dem Subjekt übereinstimmen (Kongruenz; s.a. S. 83 (L 4, G 4,2), S. 190 (L 8, G 2,4)).

Name	Dialog	Übersetzung	Erläuterung
Salma:	*Man anta?* مَن أَنْتَ؟	Wer bist du?	Frage- mit Personalpron.
Tariq:	*Ana Ṭāriq.* أَنَا طَارِق.	Ich bin Tariq.	Personalpron. mit Namen
Salma:	*Ana ṭāliba.* أَنَا طَالِبَة.	Ich bin Studentin.	Personalpron. m. Berufsbez.

Tariq:	*Anti ǧamīla.* أَنْتِ جَمِيلَة.	Du bist schön.	Personalpron. mit Adjektiv

G 8) Reguläre Bildung des Femininum

Bei Personen- und Berufsbezeichnungen, aber auch bei Adjektiven wird die weibliche Form in der Regel durch das Anhängen der Endung *-a* – ـة an den Stamm gebildet (s. S. 78 (L 4, G 2)).

Maskulinum			Femininum		
مُعَلِّم	*mu‹allim*	Lehrer	مُعَلِّمَة	*mu‹allima*	Lehrerin
طَالِب	*ṭālib*	Student	طَالِبَة	*ṭāliba*	Studentin
سَعِيد	*sa‹īd*	glücklich	سَعِيدَة	*sa‹īda*	glücklich

Vokabeln – اَلْمُفْرَدَات

Wendungen und Wörter aus dem Grammatikteil (G 1 – G 6) werden hier nicht gesondert aufgeführt!

Frieden; Gruß	*salām*; Pl.: *salāmāt*	سَلَام؛ ج.: سَلَامات
Heil, Unversehrtheit	*salāma*	سَلَامَة
wer?	*man?*	مَن؟
von, aus; nach; über; durch [Präp.]	*min*	مِن
und	*wa-*	وَ
Tunesien; Tunis	*Tūnis*	تُونِس
Es ist mir eine Ehre! Angenehm!	*tašarraftu*	تَشَرَّفْتُ
mit [Präp.]	*ma‹a*	مَعَ
o du! [Vokativpartikel]	*yā*	يَا
wo? wohin?	*ayna?*	أَيْنَ؟

Lektion 1

Syrien	*Sūryā* (f.)	سُورِيَا (م)
Damaskus	*Dimašq*	دِمَشْق
Ägypten	*Miṣr*	مِصْر
Muslim	*muslim*	مُسْلِم
christlich; Christ	*masīḥiyy*	مَسِيحِيّ
Student	*ṭālib*; Pl.: *ṭullāb* / *ṭalaba*	طَالِب؛ ج.: طُلاَّب / طَلَبَة
1.) was [Fragepron. / unbest. Relativpron.] 2.) nicht [Umgangsspr.]	*mā*	مَا
1.) in, an bei 2.) mal [Mathematik]	*fī*	فِي
Ingenieur	*muhandis*	مُهَنْدِس
wohnen; sich beruhigen (ich wohne; du wohnst [m./f.])	*yaskunu* (*fī*) (*ana askunu; anta taskunu* / *anti taskunīna*)	يَسْكُنُ (فِي) (أَنَا أَسْكُنُ؛ أَنْتَ تَسْكُنُ / أَنْتِ تَسْكُنِينَ)
Stadt	*madīna*; Pl.: *mudun*	مَدِينَة؛ ج.: مُدُن
Mitte	*wasaṭ*; Pl.: *awsāṭ*	وَسَط؛ ج.: أَوْسَاط
Freundin (meine Freundin)	*ṣadīqa* (*ṣadīqatī*)	صَدِيقَة (صَدِيقَتِي)
Zeit, Zeitraum	*waqt*; Pl.: *awqāt*	وَقْت؛ ج.: أَوْقَات
Macht nichts! Nicht so schlimm! Was soll's! Entschuldigung! [Umgangssprache]	*ma‹līš*	مَعْلِيش
ich habe	*‹indī*	عِنْدِي
jetzt	*al-ān*	الآنَ
bis, zu; nach [Präp.]	*ilā*	إِلَى
Treffen	*liqā›*; Pl.: *liqā›āt*	لِقَاء؛ ج.: لِقَاءَات
Allah, Gott	*Allāh*	الله

So Gott will!	*in šāʾa llāh*	إِنْ شَاءَ الله
Morgen	*ṣabāḥ*	صَبَاح
gut, besser, am besten; Gutes; Güte; Wohl	*ḫayr*; Pl.: *ḫayrāt*	خَيْر ؛ ج.: خَيْرَات
Mir geht es gut!	*ana bi-ḫayr*	أَنَا بِخَيْر
Professor; Lehrer; Meister; Herr	*ustāḏ*; Pl.: *asātiḏa*	أُسْتَاذ؛ ج.: أَسَاتِذَة
Licht	*nūr*; Pl.: *anwār*	نُور ؛ ج.: أَنْوَار
hier	*hunā*	هُنَا
lernen; studieren (ich lerne)	*yadrusu* (+ Akk.) (*adrusu*)	يَدْرُسُ (هـ) (أَدْرُسُ)
das Arabische	*al-ʿarabiyya*	الْعَرَبِيَّة
wenig [Adv.]	*qalīlan*	قَلِيلاً
was? was gibt es? [vor Verben und Präp.]	*māḏā?*	مَاذَا؟
arbeiten; machen, tun (du (f.) machst)	*yafʿalu* (+ Akk.) (*tafʿalīna*)	يَفْعَلُ (هـ) (تَفْعَلِينَ)
treffen, begegnen (ich werde treffen)	*yuqābilu* (+ Akk.) (*sawfa uqābilu*)	يُقَابِلُ (هـ/هـ) (سَوْفَ أُقَابِلُ)
gehen; fortgehen, dahingehen (du (m.) gehst)	*yaḏhabu* (*ilā*) (*taḏhabu*)	يَذْهَبُ (إِلَى) (تَذْهَبُ)
Haus	*bayt*; Pl.: *buyūt*	بَيْت؛ ج.: بُيُوت
nachher, danach	*baʿda ḏālika*	بَعْدَ ذَلِكَ
bleiben (ich werde bleiben)	*yabqā* (*sawfa abqā*)	يَبْقَى (سَوْفَ أَبْقَى)

Bücherei, Bibliothek; Buchgeschäft; Schreibwarengeschäft	*maktaba*	مَكْتَبَة
Uhr; Stunde	*sā‹a*	سَاعَة
drei	*ṯalāṯa*	ثَلاَثَة
Zustand, Lage	*ḥāl* (f.); Pl.: *aḥwāl*	حَال (م)؛ ج.: أَحْوَال
wie?	*kayfa?*	كَيْفَ؟
Gott sei Dank!	*al-ḥamdu li-lāh*	الْحَمْدُ لِلَّه
Richtigkeit; Gesundheit	*ṣiḥḥa*	صِحَّة
Familie	*usra*; Pl.: *usar*	أُسْرَة؛ ج.: أُسَر
Nachricht	*ḫabar*; Pl.: *aḫbār*	خَبَر؛ ج.: أَخْبَار
1.) *m. Gen. Sg.*: jeder 2.) *m. Gen. Pl.*: alle	*kull*	كُلّ
Arbeit, Beschäftigung; Sorge	*šuġl*; Pl.: *ašġāl*	شُغْل؛ ج.: أَشْغَال
Sache, Ding	*šay›*; Pl.: *ašyā›*	شَيْء؛ ج.: أَشْيَاء
gut, „okay“	*tamām*	تَمَام
Tag	*nahār*; Pl.: *anhur*	نَهَار؛ ج.: أَنْهُر
glücklich, froh, zufrieden	*sa‹īd*; m. Pl.: *su‹adā›*	سَعِيد؛ ج.: سُعَدَاء
Abend	*masā›*; Pl.: *amsiya*	مَسَاء؛ ج.: أَمْسِيَة
in den Morgen eintreten; erwachen (erwache (m./f.))	*yuṣbiḥu* (*tuṣbiḥu* / *tuṣbiḥīna*)	يُصْبِحُ (تُصْبِحُ / تُصْبِحِينَ)
auf; an, bei; in [Präp.]	*‹alā*	عَلَى
Nacht	*layla*; Pl.: *layālin*	لَيْلَة؛ ج.: لَيَالٍ
Nacht, Nachtzeit	*layl*	لَيْل
Bonn	*Būn*	بُون
Bagdad	*Baġdād*	بَغْدَاد

schön	*ğamīl*; Pl.: *ğamīlūn* (*ğumalā›*)	جَمِيل؛ ج.: جَمِيلُون (جُمَلاَء)
Lehrer	*mu‹allim*	مُعَلِّم
Arzt	*ṭabīb*; Pl.: *aṭibbā›*	طَبِيب؛ ج.: أَطِبَّاء
Botschafter	*safīr*; Pl.: *sufarā›*	سَفِير ؛ ج.: سُفَرَاء
Minister	*wazīr; Pl.: wuzarā›*	وَزِير ؛ ج.: وُزَرَاء
Fahrer	*sā›iq*; Pl.: *sā›iqūn* (*sāqa*)	سَائِق؛ ج.: سَائِقُون (سَاقَة)
Bäcker	*ḫabbāz*	خَبَّاز
Dieb	*sāriq*; Pl.: *sāriqūn* (*surrāq / saraqa*)	سَارِق؛ ج.: سَارِقُون (سُرَّاق / سَرَقَة)
Kaufmann, Händler	*tāğir*; Pl.: *tuğğār*	تَاجِر؛ ج.: تُجَّار
König, Monarch	*malik*; Pl.: *mulūk*	مَلِك؛ ج.: مُلُوك
Lehrer; Dozent	*mudarris*	مُدَرِّس
Imam, Vorbeter	*imām*; Pl.: *a›imma*	إِمَام؛ ج.: أَئِمَّة
Verleger	*nāšir*	نَاشِر
Deutschland	*Almānyā*	أَلْمَانْيَا
Türkei	*Turkiyā*	تُرْكِيَا

Übungen – تَمَارِين

Ü 1) Verwenden Sie die folgenden Personalpronomina in Verbindung mit Namen, und fragen Sie mit der nachfolgenden Frage weiter! Fragen Sie auf diese Weise nach den Namen der Nachbarn!

z.B.: Ana Ṭāriq wa-man anti? – Ana Nūrā (Ich bin Tariq, und wer bist du? – Ich bin Nura)

	Frage	Antwort
1	*Ana* *wa-man anta?*	*Ana*
2	*Anta* *wa-man huwa?*	*Huwa*

3	*Anti*	*wa-man ana?*	*Anta*
4	*Huwa*	*wa-man hiya?*	*Hiya*
5	*Hiya*	*wa-man anti?*	*Ana*

Ü 2) Stellen Sie sich und Ihre Nachbarn vor!

1	*Ana*
2	*Anta*
3	*Anti*
4	*Huwa*
5	*Hiya*
6	*Naḥnu*
7	*Antum*
8	*Antunna*
9	*Hum*
10	*Hunna*

Ü 3) Ergänzen Sie die Lücken in sinnvoller Weise!

1		*as-salām.*
2		*anta?*
3	*Ana*	*Tūnis.*
4		*, yā Karīm.*
5		*‹alaykum.*
6	*Ma‹a*	*, yā Salmā.*
7	*Man*	*?*
8	*Anti*	*.*
9	*Anta*	*Miṣr.*

10	*Anti*	*?*
11	*Man*	*?*

Ü 4) Stellen Sie Fragen nach folgendem Muster:

Hal anta mu‹allim? (Bist du Lehrer?)

Na‹am, ana mu‹allim. / Lā, ana mā mu‹allim, ana muhandis.

(Ja, ich bin Lehrer. / Nein, ich bin nicht Lehrer, ich bin Ingenieur.)

	Frage		Antwort
1	*Hal anta*	*?*	*Na‹am,*
2	*Hal ana*	*?*	*Lā,*
3	*Hal anti*	*?*	*Na‹am,*
4	*Hal anta*	*?*	*Lā,*
5	*Hal huwa*	*?*	*Lā,*
6	*Hal hiya*	*?*	*Na‹am,*

Ü 5) Bilden Sie aus den vorgegebenen Wörtern durch Umstellen ganze Sätze!

	Wörter	Satz
1	*ṣadīqī – fī – ana – Būn – askunu – ma‹a*	Ana askunu fī Būn ma‹a ṣadīqī
2	*mā – ma‹līš – waqt – al-ān – ‹indī*	ma‹līš al-ān mā ‹indī waqt.
3	*taskunīna – madīna – fī – Miṣr – fī*	taskunīna fī madīna fī Miṣr
4	*ilā – in – Allāh – l-liqā› – šā›*	
5	*sawfa – Layla – al-bayt – fī – ṣadīqatī – uqābilu*	sawfa uqābilu ṣadīqatī Layla fī al-bayt
6	*taḏhabīna – al-maktaba – ilā – an-nahār – fī*	

Ü 6) Übersetzen Sie ins Arabische (ggf. mit entsprechender Erwiderung)!

	Deutsch	Arabisch
1	Guten Tag, Karim!	
2	Guten Morgen!	
3	Guten Abend!	
4	Schlaf gut!	
5	Gute Nacht!	
6	Herzlich willkommen!	
7	Friede sei über euch!	
8	Auf Wiedersehen, so Gott will!	
9	Danke!	
10	Angenehm!	tašarraftu
11	Ich bin Tariq.	Ana Tāriq.
12	Bist du Salma?	Ana Tāriq.
13	Ich bin aus Damaskus.	
14	Ja, ich bin Botschafter.	
15	Nein, ich bin Ärztin.	
16	Ich bin Bäcker in Bonn.	
17	Bist du (m.) aus Bagdad?	
18	Du (f.) bist aus Ägypten.	
19	Und ich bin aus Deutschland.	
20	Und du (m.), woher bist du?	
21	Ja, ich bin Mohamed.	
22	Bist du Muslime (f. Sg.)?	
23	Ich bin eine Christin.	
24	Bist du Student aus Syrien?	
25	Nein, ich bin kein Student.	

Ü 7) Antworten Sie auf die folgenden Fragen!

	Frage	Antwort
1	*Man huwa?* wer ist er	
2	*Hal anti min Almānyā?* Bist du (m.) aus Deutschland	
3	*Hal hiya muhandisa?* Ist ~~Sind~~ sie Ingenieurin?	
4	*Man al-mu‹allim?* Wer ist der Lehrer?	
5	*Ayna Ǧamāl* (Name)*?* Woher ist Gamāl	
6	*Hal Karīm min Turkiyā?* Ist Karim aus der Türkei?	

Ü 8) Antworten Sie auf die folgenden Fragen!

	Arabisch	Deutsch
1	*Kayfa l-ḥāl?*	Wie geht's?
2	*Kayfa ḥālu-ka?*	Wie geht es dir? (m)
3	*Kayfa ḥālu-ki?*	Wie geht es dir (f.)?
4	*Kayfa ṣ-ṣiḥḥa?*	Wie steht es um die Gesundheit?
5	*Kayf-ak* bzw. *kayf-ik?*	Wie geht es dir? (umgangssprachl.)
6	*Masā› al-ḫayr!*	Guten Abend!
7	*Ahlan wa sahlan!*	Herzlich Willkommen!
8	*Marḥaban, yā Samīr!*	Willkommen / Tag, Samīr!
9	*Layla sa‹īda, yā Samīra!*	Gute Nacht, Samīra!
10	*Tuṣbiḥu ‹alā ḫayr!*	Schlaf gut!
11	*Hal anti Samīra?*	Bist du Samīra?
12	*Šukran, yā Samīra!*	Danke Samīra!

Ü 9) Antworten Sie auf die Frage *kayfa l-ḥāl* mit folgenden Antworten!

	Deutsch	Arabisch
1	Nicht schlecht.	Muš baṭṭāl.
2	Gut.	mnīḥ (m.)/mnīḥa (f.)/kwayys(a)/zēn(a)
3	Es geht so.	Māšī l-ḥāl.
4	Furchtbar schlecht.	Zayyi z-zift.
5	Mir geht es gut, Gott sei Dank!	Ana bi-ḫēr, al-ḥamdu li-llāh.
6	Besser nicht darüber reden. (Überlasse es Gott!)	Ḫallīhā ʿala l-llāh.
7	Alles in Ordnung.	Kull šayʾ tamām.

Ü 10) Verbinden Sie die passanden Formen miteinander!

1.)

anti	*anta*	*ana*
taḏhabu	*aḏhabu*	*taḏhabīna*

2.)

‹an	*ṭayyib*	*ma‹a*
(a)s-salāma	*iḏnika*	*salām*

3.)

adrusu	*māḏā*	*ilā*	*sawfa*
(a)l-liqā›	*abqā*	*al-‹arabiyya*	*taf‹alu*

Ü 11) Übernehmen Sie die Rolle des Dolmetschers!

1	Mustafa:	*Ṣabāḥ al-ḫayr.*
	Dolmetscher:	Guten Morgen.

2	Layla:	Guten Morgen. Du bist herzlich willkommen!
	Dolmetscher:	ṣabāḥ an-nūr. Ahlan wa-sahlan.
3	Mustafa:	*Hal anti Sāmya?*
	Dolmetscher:	Bist du (f.) Sāmya?
4	Layla:	Nein, ich bin nicht Samia. Ich bin Layla.
	Dolmetscher:	Lā, anamā sāmya. Ana Layla.
5	Mustafa:	*Hal anti min Konstanz?*
	Dolmetscher:	Bist du aus Konstanz?
6	Layla:	Ja, ich bin aus Konstanz.
	Dolmetscher	Naᶜam, ana min Konstanz.
7	Mustafa:	*Hal anti muᶜallima?*
	Dolmetscher:	Bist du Lehrerin?
8	Layla:	Nein, ich bin Bäckerin.
	Dolmetscher:	Lā, ana ḫabbāza.

Lektion 2 – الدَّرْس الثَّانِي

Schrift – الْحُرُوف

S 1) Allgemeiner Charakter der arabischen Schrift

Bei der arabischen Schrift handelt es sich im wesentlichen um eine *Konsonantenschrift*. Dies bedeutet, daß hauptsächlich nur die *Konsonanten* (Mitlaute) geschrieben werden. Zusätzlich können noch weitere Buchstaben mit einem Lautwert, der neben seinem konsonantischen Wert auch zu einem vokalischen Wert hintendiert, die sogenannten *Halbvokale*, einen vokalischen Wert annehmen (s. S. 53 (L 3, S 2)). Dabei übernehmen sie in der Regel die Funktion von langen Vokalen oder Diphthongen (Doppellauten). Kurze Vokale werden nur in Verbindung mit Anlauten geschrieben.

Das arabische Alphabet beinhaltet 28 verschiedene Buchstaben (s. S. 104 (L 5, S 2)). Einige von diesen nehmen dabei Lautwerte an, die in der deutschen Sprache, bisweilen auch in allen anderen gängigen europäischen Sprachen, unbekannt sind. Sie können daher dem Lernenden der arabischen Sprache nur mittels einer Ausspracheanleitung und des Vorsprechens eines in der arabischen Sprache Erfahrenen vermittelt werden.

Neben den 28 regulären Buchstaben werden bisweilen noch weitere Sonderbuchstaben zur Schreibung nichtarabischer Namen mit im arabischen Alphabet nicht vorkommenden Konsonanten wie z.B. dem *p* verwendet, die jedoch in diesem Buch bis auf weiteres keine Rolle spielen, da z.B. auch ins Arabische übernommene Fremdwörter an den arabischen Lautbestand angepaßt worden sind und ausländische Eigennamen im Alltagsgebrauch oft umgeformt werden (z.B.: *Peter* → *Bītar*).

In der arabischen Sprache entspricht wie im Deutschen ein Zeichen immer einem bestimmten Lautwert. Lediglich die sogenannten *Halbvokale* können verschiedene Lautwerte annehmen.

In Verbindung mit anderen Buchstaben im Text kann ein Buchstabe vier verschiedene Formen annehmen. Diese hängen im wesentlichen von der Stellung des Buchstabens im Wort ab. Dabei werden folgende Positionen unterschieden:

- der Buchstabe befindet sich in *isolierter* Stellung (zugleich auch die *Grundform* des Buchstabens)
- der Buchstabe befindet sich am *Anfang* eines Wortes
- der Buchstabe befindet sich in der *Mitte* eines Wortes
- der Buchstabe befindet sich am *Ende* eines Wortes

Bestimmte Buchstaben können nur nach rechts verbunden werden. Bei ihnen entspricht die Form für die Anfangsstellung der der isolierten Stellung und die Form der Mittelstellung der der Endstellung. Folgt innerhalb desselben Wortes ein weiterer Buchstabe, so muß der folgende in seiner Form für die Anfangsstellung bzw. isolierte Stellung angereiht werden, ohne daß beide Buchstaben miteinander verbunden werden.

In der arabischen Schrift, auch in der gedruckten Form, werden sehr gerne zahlreiche *Ligaturen* (Verschmelzungen von mehreren Buchstaben in ein neues Zeichen) verwendet (z.B.: ج + ب + ن → جبن). In den arabischen Ländern werden diese oftmals gegenüber der reinen Aneinanderreihung der regulären Buchstabenformen bevorzugt, erschweren aber für den in der arabischen Schrift weniger Geübten die Lesbarkeit der Texte erheblich. Bis auf eine einzige, die praktisch nicht umgangen werden kann (s. S. 52 (L 3, S 1b)), sollen diese in dem vorliegenden Buch vorerst keine Rolle spielen.

Da die arabische Schrift zur Kennzeichnung der 28 Buchstaben des Alphabets nur 18 verschiedene Formen benutzt, die in der Anfangs- und Mittelstellung sogar auf 15 reduziert werden, müssen bisweilen die verschiedenen Buchstaben, die auf derselben Form basieren, durch das Hinzusetzen von bis zu drei Punkten voneinander unterschieden werden, die je nach Buchstabe ober- oder unterhalb angebracht werden (z.B.: ب – *b* und ت – *t*). Diese Punkte müssen grundsätzlich in richtiger Anzahl und Position gesetzt werden, da sonst ein Text auch für Araber praktisch unlesbar wird.

Lektion 2

S 2) Die erste Gruppe – *al-maǧmūʿa al-ūlā* – الْمَجْمُوعَة الأُولَى

a) Einführung der folgenden Konsonanten

Name	Trans-literation	Beschreibung des Lautes
bāʾ	*b*	stimmhaftes *b*, d.h. mit Bewegung der Stimmbänder, wie im deutschen Wort *Bad*
tāʾ	*t*	stimmloses *t*, wie in *Tat*
ǧīm	*ǧ*	stimmhaftes *dsch* wie im Englischen in *gentleman*
ḥāʾ	*ḥ*	stimmloser pharyngaler Reibelaut; wird gebildet, indem der hintere Zungenrücken nach hinten verlagert wird; ohne Entsprechung in den europäischen Sprachen
rāʾ	*r*	stimmloses vibrantes *r* (gerolltes Zungen-*r*) wie im fränkischen Wort *Rosa*
mīm	*m*	stimmhaftes und nasales *m* wie im deutschen Wort *Musik*
nūn	*n*	stimmhaftes und nasales *n* wie im deutschen Wort *nun*

b) Die dazugehörigen Buchstaben

Name	Trans-	Form des Buchstabens bei folgenden Stellungen			
	literation	Isoliert	Ende	Mitte	Anfang
bāʾ	*b*	ب	ـب	ـبـ	بـ
tāʾ	*t*	ت	ـت	ـتـ	تـ
ǧīm	*ǧ*	ج	ـج	ـجـ	جـ
ḥāʾ	*ḥ*	ح	ـح	ـحـ	حـ
rāʾ	*r*	ر	ـر	ـر	ر
mīm	*m*	م	ـم	ـمـ	مـ
nūn	*n*	ن	ـن	ـنـ	نـ

Der Buchstabe ر (*rā›*) gehört zu den Buchstaben, die nur nach rechts verbunden werden können. Wie schon erwähnt, muß ein im gleichen Wort folgender weiterer Buchstabe in seiner Form für die Anfangsstellung bzw. isolierte Stellung angereiht werden, ohne daß er mit dem ر verbunden wird (z.B.: ر + بـ → ربـ).

S 3) Die Vokalisation

a) Die Kurzvokale

Das *Neuhocharabische* kennt nur die drei Vokale (Selbstlaute) *a*, *i* und *u*, die jeweils in einer kurzen und einer langen Variante vorkommen. Die kurzen Vokale erhalten dabei in der Regel keine eigenen Buchstaben.
Im arabischen Alltagsgebrauch erkennt der Leser eines Textes die richtige Aussprache der kurzen Vokale an der Verteilung der Konsonanten, Anlaute und langen Vokale innerhalb eines Wortes und am Sinn des Textes, d.h. die Texte z.B. in einem Buch oder in einer Zeitung pflegen *unvokalisiert* zu sein.
Allerdings besitzt die arabische Schrift auch ein normiertes Hilfssystem zur Markierung der Vokalisation in Form von kleinen *interlinearen* Symbolen, die über und unter den Konsonanten angebracht werden. Dabei stehen diese immer bei dem Buchstaben, auf den der entsprechende Vokal in der Aussprache folgt. Auf keinen Fall können sie als eigene Buchstaben ohne Trägerkonsonant benutzt werden!

Name	Trans-literation	Zeichen	Beschreibung des Lautes	Beispiel
fatḥa	*a*	ـَ	bezeichnet ein kurzes *a*, wie im deutschen Wort *am*	بَ *ba*
kasra	*i*	ـِ	bezeichnet ein kurzes *i*, wie im deutschen Wort *in*	بِ *bi*
ḍamma	*u*	ـُ	bezeichnet ein kurzes *u*, wie im deutschen Wort *um*	بُ *bu*

sukūn		ـْ	*sukūn* bedeutet *Ruhe*, d.h. diejenigen Konsonanten, die mit *sukūn* gekennzeichnet sind, haben keinen Vokal bei sich	بْ *b*

Der *sukūn* wird normalerweise am Wortende nicht gesetzt. Des weiteren steht er aus lautgesetzlichen Gründen normalerweise nur auf Konsonanten, denen eine Silbe mit Vokal vorangeht.

b) Die erweiterten Kurzvokale mit -n

Zu den normalen Kurzvokalen gibt es jeweils noch eine weitere Variante, die jedoch nur am Wortende stehen kann. Zeichentechnisch handelt es sich dabei mehr oder minder um Verdoppelungen der jeweiligen Symbole. Zu ihrem Lautwert wird dabei ein *-n* hinzugefügt. Diese Vokalisierungszeichen werden hauptsächlich zur Deklination, die aber nur bei besonders formellen Anlässen benutzt und deswegen in diesem Buch erst wesentlich später eingeführt wird, aber auch z.B. zur Bildung von Adverbien verwendet.

Name	**Transliteration**	**Zeichen**	**Beispiel**
fatḥatān	*an*	ـً	s. S. 54 (L 3, S 2c)
kasratān	*in*	ـٍ	*-bin* – بٍ
ḍammatān	*un*	ـٌ	*-bun* – بٌ

c) Die Konsonantenverdoppelung

Folgt in der arabischen Sprache einem Konsonanten ein- und derselbe Konsonant ohne Zwischenvokal, so wird er grundsätzlich nur einmal geschrieben. Die Verdoppelung wird lediglich in vokalisierten Texten durch ein weiteres *interlineares* Zeichen, den *šadda* (ـّ), signalisiert. Er kann mit der früher gelegentlich verwendeten deutschen Schreibvariante eines Striches über dem zu verdoppelnden Konsonanten verglichen werden. In der Umschrift wird der entsprechende Konsonant wie in den indoeuropäischen Sprachen üblich doppelt geschrieben.

Die Zeichen für die auf die Verdoppelung folgenden Vokale werden unmittelbar zum *šadda* gesetzt. Folgt der Verdoppelung ein weiterer Konsonant, so kann sie nicht mit *sukūn* kombiniert werden. Außerdem kann eine Verdoppelung niemals am Wortanfang stehen oder einem Konsonanten ohne Vokal folgen.

بَبَّ	بِبِّ	بُبُّ
babba	*bibbi*	*bubbu*

S 4) Die Zeichensetzung

In der arabischen Sprache werden grundsätzlich dieselben Satzzeichen wie in den meisten europäischen Sprachen verwendet, allerdings grundsätzlich in spiegelverkehrter Form.

Zur Kommasetzung muß außerdem noch angemerkt werden, daß es hierfür keine verbindlichen Regeln gibt. In der Regel wird ein Komma zur Abtrennung zwischen zwei nicht miteinander verbundenen Gliedern einer Aufzählung, zwei unverbundenen Sätzen gleicher Ordnung (z.B. zwei Hauptsätze) und zwischen zwei Sätzen verschiedener Ordnung (z.B. Haupt- und Nebensatz) gesetzt, wobei Relativsätze oftmals nicht durch Komma abgetrennt werden (vgl. die englische Zeichensetzung).

Texte – نُصُوص

Text 1:
Wir lesen Arabisch – *Naḥnu naqra›u l-‹arabiyya* – نَحْنُ نَقْرَأُ الْعَرَبِيَّة

c	b	a	
رَبّ	مِن	مَن	1
بِنْت	بِرّ	بُنّ	2
جُبْن	جَنْبَ	نَحْنُ	3
	جَنْب	تَمْر	4

Vokabeln – الْمُفْرَدَات

Kaffee; Kaffeebohnen	*bunn*	بُنّ
Gott; Herr	*rabb*; Pl.: *arbāb*	رَبّ؛ ج.: أَرْبَاب
Rechtschaffenheit	*birr*	بِرّ
Mädchen; Tochter	*bint*; Pl.: *banāt*	بِنْت؛ ج.: بَنَات
neben [Präp.]	*ǧanba*	جَنْبَ
Seite	*ǧanb*; Pl.: *ǧunūb* / *aǧnāb*	جَنْب؛ ج.: جُنُوب / أَجْنَاب
Käse	*ǧubn* / *ǧubna* / *ǧibna*; Pl.: *aǧbān*	جُبْن / جُبْنَة / جِبْنَة؛ ج.: أَجْبَان
Datteln (eine Dattel)	*tamr* (*al-wāḥida tamra*)	تَمْر (الْوَاحِدَة تَمْرَة)
Beruf, Gewerbe	*mihna*; Pl.: *mihan*	مِهْنَة؛ ج.: مِهَن
Name (mein Name; dein Name [m./f.])	*ism*; Pl.: *asmā›* (*ismī*; *ismu-ka* / *ismu-ki*)	اِسْم؛ ج.: أَسْمَاء (اِسْمِي؛ اِسْمُكَ / اِسْمُكِ)
(das) Wohnen; Wohnung, Wohnstätte, Unterkunft	*sakan*	سَكَن

Staatsangehörigkeit, Nationalität	*ğinsiyya*	جِنْسِيَّة
Land	*balad*; Pl.: *buldān* / *bilād*	بَلَد؛ ج.: بُلْدَان / بِلَاد
Hobby	*hiwāya*	هِوَايَة
Straße	*šāri‹*; Pl.: *šawāri‹*	شَارِع؛ ج.: شَوَارِع
deutsch; Deutscher	*almāniyy*; Pl.: *almān*	أَلْمَانِيّ؛ ج.: أَلْمَان
schweizerisch; Schweizer	*swīsriyy*	سُوِيسْرِيّ
österreichisch; Österreicher	*nimsiyy* / *nimsāwiyy*	نِمْسِيّ / نِمْسَاوِيّ
arbeiten; machen, tun (ich arbeite)	*ya‹malu* (+ Akk.) (*ana a‹malu*)	يَعْمَلُ (هـ) (أَنَا أَعْمَلُ)
lieben, mögen (ich mag)	*yuḥibbu* (+ Akk.) (*ana uḥibbu*)	يُحِبُّ (هـ/هـ) (أَنَا أُحِبُّ)
Universität	*ğāmi‹a*	جَامِعَة
Kino	*sīnimā*; Pl.: *sīnimāt*	سِينِمَا؛ ج.: سِينِمَات
Theater	*masraḥ*; Pl.: *masāriḥ*	مَسْرَح؛ ج.: مَسَارِح
Familie (meine Familie)	*usra*; Pl.: *usar* (*usratī*)	أُسْرَة؛ ج.: أُسَر (أُسْرَتِي)

Übungen – تَمَارِين

Ü 1) Schreiben Sie die folgenden Buchstaben nach!

b	a	
نرج: نرج	ببب: ببب	1
ترر: ترر	تتت: تتت	2
منم: منم	ججج: ججج	3

4	ححح: ححح	تنم: تنم
5	ممم: ممم	حمن: حمن
6	ننن: ننن	نحم: نحم
7	جمر: جمر	منح: منح

Ü 2) Ordnen Sie die arabischen Buchstaben ihrer jeweiligen Transkription zu!

ğ	ḥ	m	b	t	r	n
م	ت	ح	ن	ج	ب	ر

Ü 3) Schreiben Sie die folgenden Wörter mit ihrer Vokalisierung nach!

	a	b
1	جُبّ: جُبّ	مَرَح: مَرَح
2	جُبْن: جُبْن	جَرَحَ: جَرَحَ
3	تَمَّت: تَمَّت	نَمْتَمَ: نَمْتَمَ
4	نَحْنُ: نَحْنُ	نَجُبَ: نَجُبَ
5	جَمَنَ: جَمَنَ	بِنْت: بِنْت
6	مَنَّ: مَنَّ	نَبَتَ: نَبَتَ
7	بُنّ: بُنّ	نَجَم: نَجَم
8	جَمَحَ: جَمَحَ	مَنَحَ: مَنَحَ
9	نَتَجَ: نَتَجَ	رَحِمَ: رَحِمَ
10	نَجُمَ: نَجُمَ	حَنَّ: حَنَّ
11	جِنّ: جِنّ	جُنَّ: جُنَّ
12	نَحَتَ: نَحَتَ	تَمَّ: تَمَّ
13	جِبْن: جِبْن	مَجِنَ: مَجِنَ
14	جَنْب: جَنْب	رَحَّبَ: رَحَّبَ

Ü 4) Lesen Sie, und schreiben Sie ab!

e	d	c	b	a	
بِ		بُ		بَ	1
نُ		نِ		نَ	2
تَ		تُ		تِ	3
مِ		مُ		مَ	4
حُ		حِ		حَ	5
جِ		جُ		جَ	6
رَ		رِ		رُ	7
مَنَّ	مِن	مَرَّ	نُم	بُن	8
مَمَر	مُتٌّ	بَرّ	تَمَّ	رُبَّ	9
بِمَن	تُبْتُ	نَبَتَ	نُمْتُ	بِنْت	10
مَتْن	مَتِنَ	بَتَّر	حَمَّرَ	تَمْتَمَ	11
نَتَجْنَ	مُثْمِن	جُنَّ	تَبَرَّمَت	جَنْب	12
مَرِن	رَجَمَ	رَمَت	رَحِمْتُ	تَمَنَّت	13
مَرَح	نَحْنُ	نَحَرَ	حَتَمَ	رَحِمَ	14
تَمْرَحُ	جَبُنَت	رَمَحْتُ	جُبْن	جَمْر	15

Ü 5) Schreiben Sie folgende Buchstabenkombinationen in arabischer Schrift!

	a	b	c	d
1	*ba* بَ	*bi* بِ	*bu* بُ	*bun* بٌ
2	*na* نَ	*ni* نِ	*nu* نُ	*nab* نَب
3	*ma* مَ	*mi* مِ	*mu* مُ	*man* مَن

4	*ta*	*ti*	*tu*	*mu*
5	*ḥa*	*ḥu*	*ḥi*	*ḥubb*
6	*ǧa*	*ǧu*	*ǧi*	*ǧinn*
7	*ra*	*ru*	*ri*	*ran*
8	*ǧub*	*naǧ*	*tiǧ*	*bub*
9	*maǧa*	*baǧu*	*ǧiti*	*nabi*
10	*min*	*bint*	*batta*	*baǧǧa*
11	*ḥan*	*nabt*	*muna*	*niǧi*
12	*mutu*	*matn*	*ḥamnama*	*mittu*
13	*bun*	*ḥabata*	*tabtaba*	*nimta*
14	*num*	*nama*	*tamtama*	*binti*
15	*rama*	*mari*	*naru*	*tara*
16	*bit*	*mana*	*ḥamnamat*	*baǧan*
17	*ḥub*	*tamma*	*tamtamat*	*naǧamtum*

18	*namnamtum* نَمَنَمْتُم	*taḥtamtum* تَحتَمتُم	*ğamğamtu* جَمجَمتُ	*bağbağti* بَجْبَجْتِ
19	*ğamğamtunna* جَمجَمتُنَّ	*taḥğamti* تَحجَمتِ	*taḥtamğunna* تَحتَمجُنَّ	*ğanabtunna* جَنَبْتُنَّ
20	*namnamtunna* نَمَنَمتُنَّ	*namnamn* نَمنَمن	*ḫağamatunna* خَجَمَتُنَّ	*ḫağan* خَجَن

Ü 6) Verbinden Sie die zusammenpassenden Wortpaare!

mihna	*rabb*	*nāšir*	*malika*
kitāb	*muhandis*	*Elisabeth II.*	*Allāh*

Ü 7) Übersetzen Sie ins Arabische! Wichtig für die Klausur!

	Deutsch	Arabisch
1	Bist du Österreicher? halanta Nimsāwiyy?	هَلْ أَنتَ نِمسَاوِيّ ؟
2	Du wohnst in Damaskus. taskunu fī Dimašq?	تَسْكُنُ فِي دِمَشق ؟
3	Das Kino ist schön.	السِّينِما جَمِيلَة.
4	Was machst du in der Universität? mādātaʿmalu fī al-ğāmiʿa	مَا ذَا تَعْمَلُ فِي الجَامِعَة
5	Bist du aus Deutschland?	هَل أَنتَ مِن أَلمَانيا ؟
6	Bin ich Deutscher? hal ana Almāniyy	هَل أَنَا الْمَانِيّ ؟
7	Arbeitest du in Bagdad? hal taʿmalu fī Bagdād?	هَل تَعمَلُ فِي بَغدَاد ؟
8	Gehst du an die Universität? hal tadhabuilā al-ğāmiʿa?	هَل تَذهَبُ إِلَى الجَامِعَة

Universität nach geht du
ohne ā = Moschee

*¹ = arbeiten
tun: تَفْعَل

Hal-Frage = Ja/Nein-Frage

*² oder أ

Nomen	Adjektiv
O	O
M	M
M	O

O = ohne Artikel
m = mit Artikel

→ Bsp. kitāb ğamil (ein schönes Buch) OO
al- -"- al- -"- (das schöne Buch) MM
al- -"- -"- (Das Buch ist schön) MO

Ü 8) Erzählen Sie etwas über sich! Benutzen Sie hierbei für unbekannte Begriffe ein deutsch-arabisches Wörterbuch!

1	Name (*al-ism*): Britta
2	Nationalität (*al-ǧinsiyya*):
3	Beruf (*al-mihna*): taliba
4	Wohnstätte (*as-sakan*): ~~Konstanz~~
5	Stadt (*al-madīna*): Konstanz
6	Land (*al-balad*):
7	Hobbys (*al-hiwāyāt*):

Lektion 3 – الدَّرْس الثَّالِث

Schrift – الْحُرُوف

S 1) Die zweite Gruppe – *al-maǧmū‹a aṯ-ṯāniya* – الْمَجْمُوعَة الثَّانِيَة

a) Einführung der folgenden Konsonanten

Name	Trans-literation	Beschreibung des Lautes
hamza	*›*	ein Laut, der beim Lösen des Verschlusses der Stimmritze entsteht und in der deutschen Sprache bei jeder Silbe, die mit einem Vokal beginnt, mit ausgesprochen wird wie in *es*, *ist*, *Amt*; kommt häufig in Kombination mit Halbvokalen vor (s. S 3)
alif	*a*	stimmhaftes, d.h. mit Bewegung der Stimmbänder ausgelöstes *a* wie im deutschen Wort *Bad*; dient in der Wortmitte und am Wortende als Zeichen für ein langes *ā* (s. S 2,1), am Wortanfang dagegen als Träger für jeden Vokal, ob kurz oder lang (s. S 2,5)
ḫā›	*ḫ*	stimmloser Laut, etwa wie in *Nacht*, aber mit mehr Intensität, d.h. mehr Velarisierung; oft umschrieben als *kh* (z.B. in Eigennamen wie *Khaled*).
fā›	*f*	ein labiodentales *f* wie im deutschen *Fahrrad* oder *Faust*
kāf	*k*	stimmloses *k* wie im franzöischen Wort *lac* (nicht so stark wie das deutsche *k* in *Kalk*)
lām	*l*	stimmloses *l* wie im deutschen Wort *Lamm*

wāw	*w*	*Halbvokal* • wird als halbvokalisches *w* wie im englischen *wow* benutzt • dient als Träger von Vokalen und Diphthongen (s.u. S 2)
yā›	*y*	*Halbvokal* • wird als stimmloses *j* wie in *jammern* benutzt • dient als Träger von Vokalen und Diphthongen (s.u. S 2)

b) Die dazugehörigen Buchstaben

Name	**Trans-literation**	**Form des Buchstabens bei folgenden Stellungen**			
		Isoliert	**Ende**	**Mitte**	**Anfang**
hamza	›	ء	ء	ء	
alif	*a*	ا	ـا	ـا	ا
ḫā›	*ḫ*	خ	ـخ	ـخـ	خـ
fā›	*f*	ف	ـف	ـفـ	فـ
kāf	*k*	ك	ـك	ـكـ	كـ
lām	*l*	ل	ـل	ـلـ	لـ
wāw	*w*	و	ـو	ـو	و
yā›	*y*	ي	ـي	ـيـ	يـ

Die Buchstaben ا (*alif*) und و (*wāw*) können nur nach rechts verbunden werden. Für die Verbindung von ل (*lām*) und ا (*alif*) wird nahezu immer eine besondere *Ligatur* (optische Verschmelzung zu einem neuen Buchstaben) benutzt. Sie muß daher von Anfang an erlernt werden.

Kombi-nation	Trans-literation	Form des Buchstabens bei folgenden Stellungen			
		Isoliert	Ende	Mitte	Anfang
ا + ل *l* + *ā* (*a*)	*lā* (*la*)	لا	ـلا	ـلا	لا

S 2) Der vokalische Aspekt der Halbvokale

a) Lange Vokale in der Mitte und am Ende eines Wortes

Neben den drei kurzen Vokalen *a*, *i* und *u* (s. S. 41 (L 2, S 3a)) gibt es in der arabischen Sprache noch zu jedem von diesen eine lange Variante (*ā*, *ī*, und *ū*). Im Schriftbild werden diese in der Mitte und am Ende eines Wortes durch die Schreibung von Halbvokalen (ا (*alif*), ي (*yā›*) bzw. و (*wāw*)) an der betreffenden Stelle angezeigt. Dabei wird jedem Vokal ein bestimmter Halbvokal zugeordnet, nämlich ا (*alif*) für *ā*, ي (*yā›*) für *ī* und و (*wāw*) für *ū*.

Bei vokalisierten Texten wird der vorangehende Konsonant mit dem Zeichen des entsprechenden Kurzvokals versehen, während der Halbvokal, der die Länge kennzeichnen soll, kein Vokalisationszeichen erhält.

Transliteration	Zeichen	Beispiel
ā	ـَا	*bā* – بَا
ī	ـِي	*bī* – بِي
ū	ـُو	*bū* – بُو

Soll ein ي (*yā›*) bzw. و (*wāw*) dagegen als Konsonant ausgesprochen werden, so erhält er in vokalisierten Texten wie ein gewöhnlicher Konsonant ein Vokalisationszeichen wie z.B. *hiwāya* – هِوَايَة (Hobby).

b) Das alif maqṣūrā *(Enten-*alif*)*

Am Wortende kann ein langes *ā* statt durch ein ا (*alif*) durch eine spezielle Form des ي (*yā›*), nämlich das *alif maqṣūrā* (Enten-*alif*; ـَى) markiert werden. Diese

Variante des ي (*yā›*) erhält grundsätzlich keine Punkte. Allerdings bedeutet dies nicht, daß jedes ي (*yā›*) ohne Punkte ein *alif maqṣūrā* darstellt, da in manchen Regionen (v.a. Ägypten und Sudan) jedes ي (*yā›*) am Wortende ohne Punkte geschrieben wird.

Wann ein langes *ā* am Wortende durch ein *alif maqṣūrā* ausgedrückt wird und wann durch andere Schreibvarianten, ist *lexikalisch* bedingt, d.h. hängt vom jeweiligen Wort ab. Am häufigsten kommt es bei weiblichen Namen, aber auch bei einigen Präpositionen und Formen bestimmter Verben vor.

Typ	Beispiele	
Frauennamen	*Laylā* – لَيْلَى	*Munā* – مُنَى
Präpositionen	*ilā* – إِلَى	

c) Die Endung -an

Im Zusammenhang mit den *erweiterten Kurzvokalen* auf *-n* (s. S. 42 (L 2, S 3b)) steht auch die Endung *-an*, die in den meisten Fällen mit ا (*alif*) geschrieben wird und somit schrifttechnisch in die Reihe der Langvokale fällt. Dabei wird nach dem Buchstaben, der die *fatḥatān* (ً) trägt, noch ein ا (*alif*) angefügt, das aber in der Aussprache nicht extra ausgesprochen werden darf.

Außerhalb des Bereiches der Deklinationsendungen besteht ihre Hauptfunktion in der Kennzeichnung von *Adverbien* (Umstandsworten) oder anderen Formen wie z.B. *šukran* – شُكْرًا (danke).

Transliteration	Zeichen	Beispiel
-an	ـًا	*ban* – بًا

d) Die Diphthonge (Doppellaute)

Die Halbvokale و (*wāw*) und ي (*yā›*) können auch zur Markierung von *Diphtongen* (Doppellauten) dienen. In vokalisierten Texten erhält dabei der Konsonant vor dem Halbvokal ein *fatḥa* (َ), während der Halbvokal selber mit einem *sukūn* (ْ) versehen wird. Somit ergeben sich folgende Möglichkeiten für Diphthonge:

Transliteration	Zeichen	Beispiel
-aw (zu sprechen als: *-au*)	وْ	*yawm* – يَوْم (Tag)
-ay (zu sprechen als: *-ai*)	يْ	*laylā* – لَيْلَى (Nacht)

*e) Das ا (*alif*) als Vokalträger am Wortanfang*

Am Wortanfang übernimmt das ا (*alif*) die Funktion eines reinen *Vokalträgers*. Wenn ein Wort mit einem Vokal oder einem Diphthong beginnen soll, wird an Stelle eines Konsonanten, der sonst einem Vokal in der Wortmitte oder am Wortende vorangeht, ein ا (*alif*) gesetzt. Dieses dient in vokalisierten Texten auch als Träger des Vokalzeichens.

Ein ا (*alif*) am Wortanfang wird in der Regel mit Knacklaut ausgesprochen und dementsprechend mit einem ء (*hamza*) versehen, das in der Relation zum ا (*alif*) immer in derselben Position steht wie das in vokalisierten Texten jeweils verwendete Vokalzeichen, also bei *a* und *u* oberhalb (أ) und bei *i* unterhalb (إ), wobei bei *i* das *kasra* (ِ) in der Regel zugunsten des in entsprechender Position gesetzten ء (*hamza*) ausfällt. Dabei ist zu beachten, daß das ء (*hamza*) auch in unvokalisierten Texten gesetzt wird.

Es gibt allerdings auch einige wenige Ausnahmen, bei denen das ا (*alif*) am Wortanfang ohne Knacklaut steht, so daß diese Wörter mit weichem Stimmeinsatz zu sprechen sind, wie z.B. *ibn* – اِبْن (Sohn) und *ism* – اِسْم (Name), aber auch manchen Vorsilben zur Form- und Wortbildung. Hierbei handelt es sich in der Regel um einen sogenannten Stützvokal, mit dessen Hilfe vermieden werden soll, daß eine Wortform mit zwei Konsonanten ohne Zwischenvokal beginnt. Dieser verliert daher seine Funktion sobald eine vorangehende Wortform vokalisch endet und somit dessen Funktion übernimmt. In klassischen Wörterbüchern, in denen sämtliche Wörter nach ihren Wurzeln geordnet werden, werden diese Formen an der Position angeführt, die sie einnehmen würden, wenn sie kein ا (*alif*) besäßen. In der Umschrift wird ein ء (*hamza*) am Wortanfang in der Regel nicht angegeben. Soll der Vokal am Wortanfang kurz sein, so wird lediglich ein ا (*alif*) gesetzt, das bei vokalisierten Texten noch sein Vokalzeichen erhält.

Transliteration	Zeichen	Beispiel
a	أَ	*ab* – أَب (Vater)
i	إِ	*imām* – إِمام (Imam)
u	أُ	*umm* – أُمّ (Mutter)

Soll am Wortanfang dagegen ein langer Vokal oder ein Diphthong stehen, so folgt dem ا (*alif*) derjenige Halbvokal, der auch in der Wortmitte oder am Wortende stehen würde.

Transliteration	Zeichen	Beispiel
ī	إِي	*īmān* – إِيْمَان (Glaube)
ū	أُو	*Ūrubbā* – أُورُبّا (Europa)
aw	أَوْ	*aw* – أَو (oder)
ay	أَيْ	*ayna* – أَيْنَ (wo)

Soll dagegen ein Wort mit langem *ā* beginnen, so erhält das ا (*alif*) statt einem ء (*hamza*) ein *madda* und wird آ geschrieben. Aufgrund der lautlichen Eindeutigkeit wird auch in vokalisierten Texten kein *fatḥa* (َ) hinzugefügt.

Transliteration	Zeichen	Beispiel
ā	آ	*āḫir* – آخِر (Ende)

Ein *alif* mit *madda* (آ) kommt aber vor allem dann vor, wenn zwei ا (*alif*) im Wort direkt aufeinanderfolgen und zumindest das erste von beiden ein ء (*hamza*) trägt.

f) hamzat al-waṣl *(Das Verbindungs-*hamza*)*

Bei einigen Wörtern, die mit ا (*alif*) beginnen, fällt in der Satzmitte der Stimmansatz, das ء (*hamza*), aus. Statt dessen wird ein *hamzat waṣl* (Verbindungs-*hamza*) über dem ا (*alif*) gesetzt (ٱ), das jedoch in der Regel nicht im Schriftbild erscheint, wie auch am Satzanfang und in den Vokabellisten kein ء (*hamza*) über dem ا (*alif*) gesetzt wird.
In der Aussprache bringt dieses Phänomen mit sich, daß das entsprechende ا (*alif*) am Wortanfang nicht ausgesprochen wird, wenn das vorangehende Wort mit einem Vokal endet. Endet dabei das vorangehende Wort mit einem langen Vokal, so wird dieser in der Regel gekürzt ausgesprochen. Im Schriftbild tritt aber bis auf ganz wenige Ausnahmen keine Veränderung ein!

Typ	Einzelwörter	Kombination	Bedeutung
kurzer Vokal	*ǧanba* – جَنْبَ *al-bayt* – الْبَيْت	جَنْبَ الْبَيْت *ǧanba l-bayt*	neben dem Haus
langer Vokal	*fī* – فِي *al-bayt* – الْبَيْت	فِي الْبَيْت *fi l-bayt*	im Haus

g) Zur Kenntnisnahme: Sonstige Verwendungen des ء *(*hamza*)*

Das ء (*hamza*) als *interlineares Zusatzzeichen* kann, abgesehen von einem ا (*alif*) am Wortanfang, auch auf den Halbvokalen ا (*alif*), و (*wāw*) und ي (*yā›*) in der Mitte oder am Ende eines Wortes stehen, wobei allerdings das ي (*yā›*) grundsätzlich seine Punkte verliert.
Handelt es sich bei dem mit ء (*hamza*) versehenen Halbvokal um den Träger eines Vokales, so signalisiert er den Beginn einer neuen Silbe in der Aussprache (vgl. Be-**am**ter). Bleibt der Halbvokal jedoch unvokalisiert, so wird im heutigen Arabisch der Knacklaut in der Regel nicht mehr ausgesprochen, sondern die vorangehende Silbe wird sprachtechnisch lediglich wie eine mit kurzem Vokal behandelt.
Im Gegensatz zu den ebenfalls interlinearen Vokalzeichen muß das ء (*hamza*) auch in unvokalisierten Texten gesetzt werden.

Gelegentlich, vor allem am Stammende oder als Stammkonsonant bei Verbformen, kann das ء (*hamza*) alleine ohne Träger stehen.

Die Regeln dafür, ob das ء *(hamza) mit oder ohne Träger und, wenn mit Träger, mit welchem von den drei möglichen geschrieben wird, sind äußerst komplex. Sie stellen auch für die meisten Araber eine Herausforderung dar, so daß sie erst in einem äußerst späten Stadium behandelt werden sollen. An dieser Stelle soll es dem Studierenden der arabischen Sprache genügen, im Ernstfall dieses Phänomen zu erkennen.*

Buchstabe	Beispiele		
أ	*fa›r* – فَأْر (Mäuse)	*ma›kūlāt* – مَأْكُولَات (Speisen)	*ya›kulu* – يَأْكُل (er ißt)
ؤ	*mu›allif* – مُؤَلِّف (Verfasser)	*mu›arriḫ* – مُؤَرِّخ (Historiker)	*lu›lu›* – لُؤْلُؤ (Perlen)
ئ	*mi›atāni* – مِئَتَانِ (zweihundert)	*fi›rān* – فِئْرَان (Mäuse)	*ǧamā›il* – جَمَائِل (Gefallen (Pl.))
ء	*mā›* – مَاء (Wasser)	*kuramā›* – كُرَمَاء (großzügig (Pl.))	*al-kīmyā›* – الْكِيمْيَاء (Chemie)

S 3) Betonungsregeln

Die Betonung innerhalb der einzelnen Wörter folgt in der arabischen Sprache bestimmten *Regeln*, so daß sie beim Lernvokabular nicht gesondert angegeben werden muß. Zugleich erleichtert das Lernen der Vokabeln in korrekter Aussprache und mit richtiger Betonung erheblich die Einprägung der *Orthographie* (Rechtschreibung), da z.B. durch die korrekte Aussprache auch die Position langer und kurzer Vokale wesentlich einfacher erkannt werden kann. Deswegen sollte von Anfang an auf die richtige Aussprache und Betonung der erlernten Vokabeln geachtet werden.

Wie in vielen anderen Sprachen kann auch im Arabischen eine Betonung nur auf einer der letzten drei Silben liegen.

Grundsätzlich liegt die Betonung auf der letzen langen Silbe des Wortes, wenn eine solche im Bereich der letzten drei Silben des Wortes vorkommt. Allerdings kommt dabei die letzte Silbe dafür nur in Betracht, wenn sie *geschlossen* ist, also mit einem Konsonanten endet, wobei ein ء (*hamza*) am Wortende auch als Konsonant zählt.

Beispiel (Betonung durch Fettdruck markiert)	**Regel**
***ā**-ḫir* – آخِر (Ende)	die vorletzte Silbe ist die letzte lange, so daß sie betont wird
*ğa-**mīl*** – جَمِيل (schön)	die letzte Silbe ist lang und geschlossen, so daß sie betont wird
*ī-**mān*** – إِيْمَان (Glaube)	die letzte Silbe ist lang und geschlossen, so daß sie betont wird; daß die vorletzte Silbe auch lang ist, spielt keine weitere Rolle mehr
*al-kīm-**yā›*** – الْكِيمْيَاء (Chemie)	die letzte Silbe ist lang und wird durch das ء (*hamza*) geschlossen, so daß sie betont wird
***a**-bī* – أَبِي (mein Vater)	die letzte Silbe ist zwar lang, aber offen, so daß sie nicht betont wird, sondern die vorletzte Silbe

Kann diese Regel mangels langer Silben, die in Frage kämen, nicht angewandt werden, so werden zweisilbige Wörter auf jeden Fall auf der vorletzten also der ersten Silbe betont. Wörter mit mehr als zwei Silben dagegen erhalten dann auf der vorletzten eine Betonung, wenn diese *geschlossen* ist, also mit einem Konsonanten endet, sonst liegt die Betonung auf der drittletzten Silbe.

Beispiel (Betonung durch Fettdruck markiert)	**Regel**
*l**a**-kin* – لَكِن (aber)	zweisilbiges Wort ohne lange Silben, so daß es auf der vorletzten / ersten Silbe betont wird
*mu-›**al**-lif* – مُؤَلِّف (Verfasser)	die drei letzten Silben sind allesamt kurz, und die vorletzte Silbe ist geschlossen (endet mit einem Konsonanten), so daß diese betont wird
*y**ak**-tu-bu* – يَكْتُبُ (er schreibt)	die letzten drei Silben sind allesamt kurz, und die vorletzte Silbe ist nicht geschlossen (endet nicht mit einem Konsonanten), so daß die drittletzte betont wird

Werden zu einem Wort Endungen hinzugefügt, so sind diese bei der Zählung der Silben zu berücksichtigen, weswegen sich die Betonung dann gegenüber der Grundform nach hinten verschieben kann. *Die Betonungsregeln müssen also immer auf die aktuelle Form hin angewandt werden, nicht auf die Grundform des Wortes*.

Beispiel (Betonung durch Fettdruck markiert)	**Regel**
*ǧa-**mīl*** – جَمِيل (schön)	die letzte Silbe ist lang und geschlossen, so daß sie betont wird
aber: *ǧa-mī-**lūn*** – جَمِيلُون (schön (Pl.))	die angehängte Endung ist nun als letzte Silbe lang und geschlossen, so daß sich die Betonung auf sie verlagert
***ā**-ḫir* – آخِر (Ende)	die vorletzte Silbe ist die letzte lange, so daß sie betont wird

aber: *ā-ḫ**i**-ru-hu* – آخِرُهُ (sein Ende)	durch das Anhängen der Endung bleibt die in der Grundform betonte Silbe zwar immer noch die letzte lange Silbe, aber durch die erhöhte Silbenzahl befindet sie sich nicht mehr innerhalb der letzten drei Silben und kann deswegen nicht mehr betont werden, so daß mangels langer Silben die drittletzte betont wird, da die vorletzte nicht geschlossen ist.

Texte – نُصُوص

Text 1:
Kamal aus dem Libanon – *Kamāl min Lubnān* – كَمَال مِن لُبْنَان

Ich bin Kamal. Ich komme aus Libanon	أَنَا كَمَال. أَنَا مِن لُبْنَان.	1
Ich bin schriftsteller	أَنَا كَاتِب.	2
Ich schreibe Bücher	أَكْتُبُ كُتُب فِي بُون.	3
Aber ich bin jetzt im Libanon	لَكِن أَنَا الآن فِي لُبْنَان.	4
Ich schreibe im Haus meiner Eltern.	أَكْتُبُ فِي بَيْت أُمِّي وَأَبِي.	5
Meine Schwester ist Munna.	أُخْتِي مُنَى.	6
Und mein Bruder Jamal.	وَأَخِي جَمَال.	7
Muna ist jetzt in der Bibliothek (?)	مُنَى الآن بِالْمَكْتَب.	8
Und Jamal in Mailand (?)	وَجَمَال فِي مِيلَانُو.	9
(Aber ?) wo ist meine Mutter?	لَكِن أَيْنَ أُمِّي؟	10

Grammatik – القَوَاعِد

G 1) Der Artikel ال (*al-*)

a) Der Artikel in der arabischen Sprache

Die Funktion des *bestimmten Artikels* (Geschlechtswortes) wird in der arabischen Sprache durch das *invariable Präfix* (die unveränderliche Vorsilbe) ال (*al-*) erfüllt. Dies bedeutet, daß in allen *Genera* (Geschlechtern), *Numeri* (Anzahl) und *Kasus* (Fällen) die gleiche Form steht (vergleichbar mit dem englischen bestimmten Artikel *the*) und daß diese zudem im Schriftbild mit dem dazugehörigen Wort zusammengeschrieben wird. In der Umschrift pflegt man allerdings den Artikel durch einen Bindestrich von dem dazugehörigen Wort abzusetzen.

Eine eigene Form für den in den meisten indoeuropäischen Sprachen üblichen *unbestimmten Artikel* gibt es im Arabischen nicht. Seine arabische Entsprechung besteht schlichtweg darin, daß das betreffende Wort nicht mit dem Artikel ال (*al-*) versehen wird (vgl. den Artikel im Altgriechischen).

ohne Artikel			mit Artikel		
aḫ	أَخ	ein Bruder	*al-aḫ*	الأَخ	der Bruder
iḫwa	إِخْوَة	Brüder	*al-iḫwa*	الإِخْوَة	die Brüder
uḫt	أُخْت	eine Schwester	*al-uḫt*	الأُخْت	die Schwester
aḫawāt	أَخَوَات	Schwestern	*al-aḫawāt*	الأَخَوَات	die Schwestern

Formen die mit einem Artikel versehen sind, werden als *determiniert* (bestimmt) bezeichnet. Neben diesen gelten grundsätzlich auch *Eigennamen* als determinierte Formen. Sie werden in der Regel nicht mit einem Artikel versehen.

Eine Ausnahme bilden dabei *geographische Bezeichnungen* wie z.B. Länder- und Städtenamen. Ein großer Teil wird grundsätzlich mit Artikel benutzt, während der Rest grundsätzlich ohne Artikel benutzt wird. Ob eine solche Bezeichnung nun mit oder ohne Artikel benutzt wird, kann nicht durch Regeln erfaßt werden, sondern ist lexikalisch festgelegt, muß also zusammen mit der jeweiligen Bezeichnung gelernt werden.

ohne Artikel			mit Artikel		
Lubnān	لُبْنَان	Libanon	*al-Yaman*	اليَمَن	der Jemen
Bayrūt	بَيْرُوت	Beirut			

b) Sonnen- und Mondbuchstaben

Im Zusammenhang mit dem Artikel läßt sich das arabische Alphabet in zwei Gruppen zu je 14 Buchstaben einteilen.

Die eine Gruppe besteht in den sogenannten *Sonnenbuchstaben*, bei denen das ل (*lām*) des Artikels in der Aussprache *assimiliert*, d.h. angeglichen wird. In der Schrift dagegen bleibt das ل (*lām*) erhalten, erhält aber bei vokalisierten Texten kein *sukūn* (ْ), während der folgende Buchstabe, an den angeglichen wird, mit einem *šadda* (ّ) versehen wird: *an-nūr* – النُّور. Beginnt das eigentliche Wort mit einem ل (*lām*), so bleiben sowohl das ل (*lām*) des Artikels als auch das des eigentlichen Wortes im Schriftbild erhalten. Im übrigen folgt das Schriftbild dem der restlichen Sonnenbuchstaben: *al-lubnāniyy* – اللُّبْنَانِيّ.

Bei den *Mondbuchstaben* dagegen, der anderen Gruppe, bleibt das ل (*lām*) auch in der Aussprache erhalten. Im Schriftbild wird hierbei in vokalisierten Texten das ل (*lām*) mit einem *sukūn* (ْ) versehen: *al-kitāb* – الْكِتَاب.

Die Begriffe für beide Gruppen leiten sich dabei von den beiden arabischen Wörtern *šams* – شَمْس (Sonne) und *qamar* – قَمَر (Mond) ab, die jeweils zu der Gruppe gehören, die nach diesem Wort bezeichnet wird.

Am besten merke man sich die beiden Gruppen, indem man die Sonnenbuchstaben in lautliche Gruppen unterteilt, so daß als Rest dann die Mondbuchstaben übrigbleiben. Im folgenden sei hierzu eine Tabelle angeführt, die auch die noch nicht die erlernten Buchstaben enthält, um so ein späteres Nachschlagen zu vereinfachen. Bekannte Buchstaben werden in Fettdruck aufgeführt.

Sonnenbuchstaben		Mondbuchstaben	
alle *s*-Laute	ز ، س، ش، ص، ظ	der Rest des Alphabets	ا، ب، ج، ح، خ، ع، غ، ف، ق، ك، م، ه، و، ي
alle *t*-Laute	ت، ث، د، ذ، ض، ط		
und außerdem *linarā* – لِنَرَى (damit wir sehen)	ل، ن، ر		

G 2) Aus einem Konsonanten bestehende Wörter

Es gibt Wörter, die lediglich aus einem Konsonanten bestehen und im Schriftbild nicht gesondert geschrieben, sondern wie der Artikel mit dem nachfolgenden Wort (mitsamt eventuellem Artikel) verbunden werden.
Unter diesen Wörtern bildet die Präposition *li-* – لِ (für, zu) einen weiteren Sonderfall, da bei ihr das ا (*alif*) eines eventuellen Artikels auch aus dem Schriftbild gestrichen wird. Des weiteren entfällt bei Wortformen, die mit einem ل (*lām*) beginnen, zusätzlich das ل (*lām*) des Artikels, um das dreifache Aufeinandertreffen ein- und desselben Buchstabens zu verhindern.

Wort	Beispiel	
	ohne Artikel	mit Artikel
wa – وَ (und)	*wa-aḫ* – وَأَخ (und ein Bruder)	*wa-l-aḫ* – وَالْأَخ (und der Bruder)
bi- – بِ (in)	*bi-maktab* – بِمَكْتَب (in einem Büro)	*bi-l-maktab* – بِالْمَكْتَب (in dem Büro)
li – لِ (für)	*li-uḫt* – لِأُخْت (für eine Schwester)	*li-l-uḫt* – لِلْأُخْت (für die Schwester)
	li-layla – لِلَيْلَة (für eine Nacht)	*li-l-layla* – لِلَّيْلَة (für die Nacht)

Vokabeln – الْمُفْرَدَات

Tag	*yawm*; Pl.: *ayyām*	يَوْم؛ ج.: أَيَّام
Sohn	*ibn*; Pl.: *abnā›* / *banūn*	اِبْن؛ ج.: أَبْنَاء / بَنُون
Vater (mein Vater; das Haus meines Vaters)	*ab*; Pl.: *ābā›* (*abī*; *bayt abī*)	أَب؛ ج.: آبَاء (أَبِي؛ بَيْت أَبِي)
Mutter (meine Mutter; das Haus meiner Mutter)	*umm*; Pl.: *ummahāt* (*ummī*; *bayt ummī*)	أُمّ؛ ج.: أُمَّهَات (أُمِّي؛ بَيْت أُمِّي)
Glaube	*īmān*	إِيْمَان
Europa	*Ūrubbā*	أُورُبَّا
oder	*aw*	أَو
Ende	*āḫir*; Pl.: *awāḫir*	آخِر؛ ج.: أَوَاخِر
Mäuse (eine Maus)	*fa›r* (*al-wāḥida fa›ra*); Pl.: *fīrān* / *fi›rān*	فَأْر (الْوَاحِدَة فَأْرَة)؛ ج.: فِيرَان / فِئْرَان
Eßwaren, Speisen	*ma›kūlāt* (Pl.)	مَأْكُولَات (ج)
essen	*ya›kulu* (+ Akk.)	يَأْكُلُ (ه)
zweihundert	*mi›atān*	مِئَتَان
Gefallen	*ǧamīl*; Pl.: *ǧamā›il*	جَمِيل؛ ج.: جَمَائِل
Verfasser, Autor	*mu›allif*	مُؤَلِّف
Historiker	*mu›arriḫ*	مُؤَرِّخ
Perlen (eine Perle)	*lu›lu›* (*al-wāḥida lu›lu›a*); Pl.: *la›ālī›*	لُؤْلُؤ (الْوَاحِدَة لُؤْلُؤَة)؛ ج.: لآلِيء
Wasser; Pl.: Gewässer	*mā›*; Pl.: *miāh*	مَاء؛ ج.: مِيَاه
großzügig	*karīm*; Pl.: *kuramā›*	كَرِيم؛ ج.: كُرَمَاء

Chemie	*al-kīmyā› / kīmyā›*	الْكِيمْيَاء / كِيمْيَاء
der Libanon	*Lubnān*	لُبْنَان
Schriftsteller; Sekretär	*kātib*; Pl.: *kuttāb / kātibūn*	كَاتِب؛ ج.: كُتَّاب / كَاتِبُون
schreiben (ich schreibe; er schreibt)	*yaktubu* (+ Akk.) (*aktubu*; *yaktubu*)	يَكْتُبُ (هـ) (أَكْتُبُ؛ يَكْتُبُ)
Buch (der Name des Buches)	*kitāb*; Pl.: *kutub* (*ism al-kitāb*)	كِتَاب؛ ج.: كُتُب (اِسْم الْكِتَاب)
aber	*lakin / lakinna*	لَكِن / لَكِنَّ
Schwester (meine Schwester)	*uḫt*; Pl.: *aḫawāt* (*uḫtī*)	أُخْت (أَخَوَات) (أُخْتِي)
Bruder; Freund (mein Bruder)	*aḫ*; Pl.: *iḫwāt / iḫwa* (*aḫī*)	أَخ؛ ج.: إِخْوَات / إِخْوَة (أَخِي)
in; mit, mittels [Präp.]	*bi-*	بِـ
Büro, Arbeitszimmer; Schreibtisch	*maktab*; Pl.: *makātib*	مَكْتَب؛ ج.: مَكَاتِب
Mailand (*ital.*: Milano)	*Mīlānū*	مِيلاَنُو
der, die, das [Artikel]	*al-*	اَلْـ
Sonne	*šams* (f.); Pl.: *šumūs*	شَمْس (م)؛ ج.: شُمُوس
Mond	*qamar*; Pl.: *aqmār*	قَمَر ؛ ج.: أَقْمَار
für, zu [Präp.]	*li-*	لِـ
der Jemen	*al-Yaman*	الْيَمَن
Beirut	*Bayrūt*	بَيْرُوت
braune Bohnen, Saubohnen (eine Bohne)	*fūl* (*al-wāḥida fūla*)	فُول (الْوَاحِدَة فُولَة)
Falafel [Speise]	*falāfil*	فَلاَفِل

libanesisch; Libanese	*lubnāniyy*	لُبْنَانِيّ
Herr	*sayyid*; Pl.: *sāda*	سَيِّد؛ ج.: سَادَة
Frau, Dame	*sayyida*	سَيِّدَة
Hund	*kalb*; Pl.: *kilāb*	كَلْب؛ ج.: كِلَاب
Kamel	*ǧamal*; Pl.: *ǧimāl*	جَمَل؛ ج.: جِمَال

Übungen – تَمَارِين

Ü 1) Schreiben Sie die folgenden Buchstaben nach!

b	a	
ييي:	خخخ:	1
ميم:	ففف:	2
نمي:	للل:	3
منم:	ككك:	4
نكن:	ونو:	5
كنم:	وجو:	6
حخن:	نون:	7
ملك:	مون:	8
كتاب:	كوت:	9

Ü 2) Ordnen Sie die arabischen Buchstaben ihrer jeweiligen Transkription zu!

w	*ḫ*	*l*	*f*	*k*	*y*	*a*
ك	ا	ي	و	خ	ف	ل

Ü 3) Schreiben Sie die folgenden Wörter mit ihrer Vokalisierung nach!

b	a	
جَمْلاَن:	خَمْلَ:	1
كُلّ:	لَبَن:	2
مَلاَك:	بُنِيّ:	3
مُلُوك:	نَخْل:	4
كَلِمَات:	كَمُلَ:	5
مَرْكَب:	فُول:	6
أَنْف:	جَرَب:	7
ثِقْل:	جَمَال:	8
لَكُمَا:	فِلْم:	9
مَرْحَبًا:	بُرْجُم:	10
مَكَان:	نَبِي:	11

Ü 4) Lesen Sie, und schreiben Sie ab!

e	d	c	b	a	
أَ		إِ		أُ	1
خِي	خُو	خَا	خَ	خُ	2
لِي	لُو	لاَ	لِ	لُ	3
كِي	كُو	كَا	كِ	كَ	4
وُو	أَوْ	وَيَ	وَ	وُ	5
جُوجُو	جِي	يَا	يُ	يَ	6
أَي	أُو	أَك	اَل	أَخ	7
لَمَّ	كُلّ	لَكِ	لَكَ	قُل	8
لَم	أَخِي	خُوخ	خَتَّ	خَلْ	9
لاَمَاَ	لِيَّ	لَو	لَكُم	خُم	10
مَكُنَ	لِكَي	كُن	كُلَّ	كُوخ	11
يَمّ	وَيْن	وَكَلَ	وَلَّى	وَجَمَ	12

13	مِين	وَيْل	وَيْك	وَان	كَمُل
14	أَكَل	نَخْل	أَلَمَّ	أَوَّل	يَمَن
15	خَالِي	لُمْتُ	كَانَ	يَأْكُلُ	فَاتِن
16	مَلَكَ	مَلِك	فَانْتَا	فُول	سَوَّى
17	فِلْفِل	فُلّ	كَاتِب	كَلَام	كُتُبِي
18	فَلَافِل	مِفَكّ	مِلَفّ	كَفَن	أَكْفَان

Ü 5) Lesen Sie die folgenden Sätze, und schreiben Sie sie ab!

1	مَن	يَكْتُبُ	كُتُب	فِي	لُبْنَان؟
2	أَيْنَ	الْفُول	وَالْفَلَافِل	وَالْمَاء؟	
3	أَيْنَ	مُنَى	الآن؟		
4	كَمَال	الْيَوْم	بِالْبَيْت	بِبُون.	
5	لَكِن	مُنَى	بِنْت.		

Ü 6) Schreiben Sie folgende Buchstabenkombinationen in arabischer Schrift!

	a	b	c	d
1	*a* أَ	*i* إِ	*u* أُ	*ḫa* خَ
2	*ḫi* خِ	*ḫu* خُ	*la* لَ	*li* لِ
3	*lu* لُ	*ka* كَ	*wa* وَ	*ku* كُ
4	*ki* كِ	*wu* وُ	*wi* وِ	*nī* نِي
5	*ya* يَ	*fa* فَ	*fī* فِي	*yu* يُ

6	*yi* يِ	*fi* فِ	*fu* فُ	*la* لَ
7	*aḫ* أَخ	*al* أَل	*ay* أَي	*laḫ* لَاخ
8	*ḫal* خَل	*ḥal* حَل	*ḥay* حَي	*lī* لِي
9	*ab* أَب	*at* أَت	*kum* كُم	*ḫut* خُت
10	*an* أَل	*am* أَم	*ḫun* خُل	*fan* فَل
11	*ḥub* حُب	*lan* لَن	*laf* لَف	*ḥibin* حِبِن
12	*lub* لُب	*lum* لُم	*yat* يَت	*wam* وَم
13	*lam* لَم	*lat* لَت	*yam* يَم	*wat* وَت
14	*yab* يَب	*yan* يَن	*kam* كَم	*wab* وَب
15	*kib* كِب	*kun* كُن	*kut* كُت	*wan* وَن
16	*ibn* إبن	*anta* أَنتَ	*atama* أَتَمَ	*malaʾa* مَلَأَ
17	*ḫabuna* خَبُنَ	*ḥatana* حَتَنَ	*ǧatama* جَتَمَ	*laban* لَبَن
18	*natala* نَتَلَ	*naml* نَمل	*ibil* إِبِل	*umm* أُمّ
19	*bank* بَنك	*kuntu* كُنتُ	*kāna* كَان	*katama* كَتَمَ

20	*wabana* وَبَنَ	*nawata* نَوَتَ	*mawata* مَوَتَ	*mīn* مِي ن
21	*yabni* يَبْنِ	*bayn* بَيْن	*bayt* بَيْت	*buniya* بُنِيَ
22	*ḥamḥama* حَمْحَمَ	*lamlama* لَمْلَمَ	*yamyama* يَمْيَمَ	*allama* أَلَّمَ
23	*bunnī* بُنِّي	*labanī* لَبَنِي	*namlī* نَمْلِي	*taltala* تَلْتَلَ
24	*yaḫmala* يَخْمَلَ	*kamlī* كَمْلِي	*kikalu* كِكَلُ	*yukmilu* يُكْمِلُ
25	*kamnī* كَمْنِي	*wabanī* وَبَنِي	*kaynalat* كَيْنَلَتْ	*waklat* وَكْلَتْ
26	*akbulat* أَكْبُلَتْ	*aḥbalat* أَحْبَلَتْ	*laḫlakat* لَخْلَكَتْ	*aymalat* أَيْمَلَتْ
27	*lamlamtum* لَمْلَمْتُمْ	*ḫalḫaltum* خَلْخَلْتُمْ	*ḥamḥamn* حَمْحَمْنَ	*lamlamna* لَمْلَمْنَ
28	*ḫalḫaltunna* خَلْخَلْتُنَّ	*lamlamtunna* لَمْلَمْتُنَّ	*balbaltunna* بَلْبَلْتُنَّ	*ǧanǧantunna* جَنْجَنْتُنَّ

Ü 7) Markieren Sie bei den folgenden Formen jeweils die betonte Silbe!

	a	b	c
1	*āmir*	*amīr*	*ammār*
2	*ǧamal*	*ǧamīl*	*ǧimāl*
3	*mu‹allim*	*mu‹allimāt*	*mu‹allimūn*
4	*sākin*	*masākin*	*sukkān*
5	*yaskunu*	*taskunīna*	*yaskunna*
6	*sāhir*	*sahra*	*saraṭān*

Ü 8) Übersetzen Sie die folgenden Länder- und Städtenamen ins Arabische unter Beachtung eines eventuellen Artikels!

	Name	Transkription
1	Jemen	
2	Libanon	
3	Syrien	
4	Damaskus	
5	Beirut	
6	Tunis / Tunesien	
7	Ägypten	
8	Bagdad	
9	Türkei	

Ü 9) Schreiben Sie folgende Wörter mit Artikel (in Umschrift und auf arabisch)!

	Wort	Form mit Artikel	
		in Umschrift	auf arabisch
1	*ḫayr*		
2	*ǧamal*		
3	*rabb*		
4	*nūr*		
5	*īmān*		
6	*bint*		
7	*tamr*		
8	*malik*		
9	*bayt*		
10	*layla*		

Ü 10) Schreiben Sie die folgenden Wortverbindungen auf arabisch!

	Transkription	Arabisch
1	*wa-l-kitāb*	
2	*li-l-umm*	
3	*wa-t-tamr*	
4	*wa-n-nūr*	
5	*fi l-bayt*	
6	*bi-l-lu›lu›*	
7	*li-l-aḫ*	
8	*li-l-karīm*	
9	*li-l-ab*	
10	*li-t-tāğir*	
11	*bi-l-maktab*	

Ü 11) Übersetzen Sie die folgenden Sätze ins Deutsche!

	Arabisch	Deutsch
1	*Ana Kamal.*	Ich bin Kamal.
2	*Ana min Tūnis.*	Ich bin ~~Tunesier~~ aus Tunesien
3	*Wa-ana mā kātib.*	und ich bin kein Schriftsteller
4	*Ana muš baṭṭāl.*	Mir geht es nicht schlecht.
5	*Ana l-ān bi-l-maktab.*	
6	*Aktubu kitāb.*	Ich schreibe ein Buch
7	*Ana tūnisiyy.*	Ich bin Tunesier

Ü 12) Übernehmen Sie die Rolle des Dolmetschers!

1	Mustafa:	*As-salām ‹alaykum!*
	Dolmetscher:	Guten Tag!

2	Layla:	Guten Abend, (mein) Herr. Bist Du Mustafa?
	Dolmetscher:	Masā> al-ḫayr, yā ustāḏ. ~~Ant~~ Hal anta Mustafā?
3	Mustafa:	*Ma smuki, yā sayyida?*
	Dolmetscher:	
4	Layla:	Mein Name ist Layla. Ich bin aus Bonn und schreibe ein Buch in Beirut.
	Dolmetscher:	Ismī Layla. Ana min Būnn wa aktubu kitāb
5	Mustafa:	*Ma sm al-kitāb? Wa-ayna anti al-ān, yā Laylā?*
	Dolmetscher:	
6	Layla:	Der Name des Buches ist „Der Hund *Nīnū*“. Ich bin derzeit im Libanon.
	Dolmetscher	Ism al-kitāb „al-kalb Nīnū“. Ana al-ān fī
7	Mustafa:	*Ma‹a s-salāma!*
	Dolmetscher:	
8	Layla:	Bis dann!
	Dolmetscher:	

Lektion 4 – الدَّرْس الرَّابِع

Schrift – الْحُرُوف

S 1) Die dritte Gruppe – *al maǧmūʿa aṯ-ṯāliṯa* – الْمَجْمُوعَة الثَّالِثَة

a) Einführung der folgenden Konsonanten

Name	Trans-literation	Beschreibung des Lautes
ṯāʾ	*ṯ*	entspricht dem englischen stimmlosen *th* wie in *thing*; wird deswegen bisweilen (vor allem bei Eigennamen) als *th* umschrieben; *Sonnenbuchstabe*
dāl	*d*	stimmhaftes *d* wie im deutschen Wort *Dieb*; *Sonnenbuchstabe*
ḏāl	*ḏ*	entspricht dem englischen stimmhaften *th* wie in *then*; wird bisweilen (vor allem bei Eigennamen) als *dh* umschrieben; *Sonnenbuchstabe*
sīn	*s*	stimmloses *s* wie im Deutschen *Spaß* oder im Französischen *cinéma*; *Sonnenbuchstabe*
šīn	*š*	stimmloses *sch* wie im Deutschen *Schluß* oder *anschauen*; wird bisweilen (vor allem bei Eigennamen) entsprechend der englischen Schreibung als *sh* umschrieben; *Sonnenbuchstabe*
ṣād	*ṣ*	dunkles und dumpfes stimmloses *s*, das als *emphatisch* bezeichnet wird; bei korrekter Aussprache ändert sich die Klangsfarbe der Nachbarvokale wie in der bairischen Mundart bei *sag' mal* oder *was?*; besitzt im Hochdeutschen keine Entsprechung; *Sonnenbuchstabe*

‹ain	*‹*	ein tief im hinteren Rachen (Schlund) gebildeter Reibelaut, der durch kräftiges Zusammendrücken der Stimmritze entsteht; rein semitischer Laut ohne Entsprechung im europäischen Sprachraum; *Mondbuchstabe*
hā›	*h*	aspiriertes stimmloses *h* wie im Deutschen *haben*, *Hafen* oder *hacken*; *Mondbuchstabe*
tā›-marbūṭa	*a* / *t*	diese Sonderform des *hā›* wird lediglich als Endung benutzt; normalerweise markiert sie den Singular des Femininum; bleibt sie unvokalisiert und steht nicht in einer Genitivverbindung als vorderes Glied, so wird sie als *a* ausgesprochen; sonst muß sie als *t* ausgesprochen werden; werden weitere Buchstaben, ein *Suffix*, angehängt, so wird das *tā›-marbūṭa* durch ein ت (*tā›*) ersetzt; diese Nähe zum ت (*tā›*) begründet auch die beiden Punkte und den Namen des Buchstabens.

b) Die dazugehörigen Buchstaben

Name	**Trans-literation**	**Form des Buchstabens bei folgenden Stellungen**			
		Isoliert	**Ende**	**Mitte**	**Anfang**
ṯā›	*ṯ*	ث	ـث	ـثـ	ثـ
dāl	*d*	د	ـد	ـد	د
ḏāl	*ḏ*	ذ	ـذ	ـذ	ذ
sīn	*s*	س	ـس	ـسـ	سـ
šīn	*š*	ش	ـش	ـشـ	شـ
ṣād	*ṣ*	ص	ـص	ـصـ	صـ
‹ain	*‹*	ع	ـع	ـعـ	عـ
hā›	*h*	ه	ـه	ـهـ	هـ

tā›-marbūṭa	*a / t*	ة	ـة		

Die Buchstaben د (*dāl*) und ذ (*ḏāl*) können nur nach rechts verbunden werden.

Texte – نُصُوص

Text 1:
Ein junger Mann aus dem Sudan – *Šābb min as-Sūdān* – شَاب مِن السُّودَان

1	خَالِد شَابّ مِن السُّودَان.
2	هُوَ مِن مَدَنِي بِالسُّودَان.
3	يُسَافِرُ خَالِد الْيَوْم إِلَى أَلْمَانْيَا.
4	فِي أَلْمَانْيَا يَسْكُنُ خَالِد مَعَ مُعَلِّم فِي بَيْت كَبِير بِمَدِينَة بُون.
5	يَعْمَلُ خَالِد فِي مَكْتَب الْبَرِيد بِالْمَدِينَة.
6	يُرْسِلُ خَالِد الْيَوْم رِسَالَة لِمُنَى فِي السُّودَان.
7	يَكْتُبُ عَن بُون وَعَن النَّاس فِي بُون.
8	مُنَى أُخْت خَالِد.
9	هِيَ تَعْمَلُ فِي مُسْتَشْفَى.
10	يُرْسِلُ خَالِد وَرْد لِمُنَى عَبْرَ الإِيمَيْل.
11	مُنَى تُرْسِلُ بِالْبَرِيد مِشْمِشْ وَتَمْر وَتِين وَسَمَك بَلَدِيّ.
12	فِي أُكْتُوبَر يُرْسِلُ خَالِد رِسَالَة بِالبَرِيد السَّرِيع.
13	فِي الرِّسَالَة شِيك وَكَلِمَات وَسَلاَمَات وَأَخْبَارعَن أَلْمَانْيَا.

Grammatik – الْقَوَاعِد

G 1) Die 3. Person Singular im Präsens

Aus Gründen der Einfachheit werden arabische Verben immer in der 3. Person Maskulinum Singular angeführt, da z.B. der arabische Infinitiv als Form nicht nur sehr kompliziert ist, sondern auch recht selten benutzt wird.

Das Präsens zeichnet sich dadurch aus, daß es mittels eines Präfixes (Vorsilbe) vor dem eigentlichen Stamm des Verbes gebildet wird. Die Konjugation (Beugung) erfolgt dabei hauptsächlich mittels Veränderung dieses Präfixes. Eine genauere Einführung in die Systematik des Verbs soll jedoch erst in der nächsten Lektion erfolgen, da sie etwas komplexer ist und deswegen möglichst eine eigene Lektion verdient. Hier soll lediglich gezeigt werden, wie man in der 3. Person Singular im Päsens ein zum Maskulinum dazugehöriges Femininum bildet.

Die 3. Person Maskulinum Singular beginnt im Präsens grundsätzlich mit ي (*yā›*). Die dazugehörige Form des Femininum erhält man dagegen, wenn man dieses ي (*yā›*) durch ein ت (*tā›*) ersetzt. Da die arabischen Verbalformen schon Person und Numerus (Anzahl) beinhalten, kann man in der Regel auf die Setzung von Personalpronomina verzichten. Sie haben vielmehr betonenden Charakter.

3. Person Maskulinum Singular	3. Person Femininum Singular
yaktubu – يَكْتُبُ (er schreibt)	*taktubu* – تَكْتُبُ (sie schreibt)
yaskunu – يَسْكُنُ (er wohnt)	*taskunu* – تَسْكُنُ (sie wohnt)
ya‹malu – يَعْمَلُ (er arbeitet)	*ta‹malu* – تَعْمَلُ (sie arbeitet)
yusāfiru – يُسَافِرُ (er reist)	*tusāfiru* – تُسَافِرُ (sie reist)
yursilu – يُرْسِلُ (er schickt)	*tursilu* – تُرْسِلُ (sie schickt)

G 2) Das reguläre Femininum bei Nomina

In der Regel enden *Feminina* (Wörter weiblichen Geschlechts) im Arabischen mit der Endung ـة (*tā›-marbūṭa*). Weibliche Berufsbezeichnungen und die weiblichen

Formen von Adjektiven können in der Regel von den männlichen Entsprechungen durch das Anhängen dieser Endung abgeleitet werden.

Maskulinum			Femininum		
أُسْتَاذ	*ustāḏ*	Professor	أُسْتَاذَة	*ustāḏa*	Professorin
رَبّ	*rabb*	Herr	رَبَّة	*rabba*	Herrin
جَمِيل	*ǧamīl*	schön	جَمِيلَة	*ǧamīla*	schön

Daneben gibt es allerdings auch Wörter ohne diese Endung, die trotzdem Feminina sind. Hierzu gehören insbesondere folgende Wortgruppen:

- im Sinne des *natürlichen Genus* alle Bezeichnungen für weibliche Wesen wie z.B. *uḫt* – أُخْت (Schwester)
- alle doppelt vorkommenden Körperteile wie z.B. *yad* – يَد (Hand)
- Bezeichnungen für Städte, Dörfer und Inseln wie z.B. Bayrūt – بَيْرُوت (Beirut)
- nahezu alle Länderbezeichnungen wie z.B. *Almānyā* – أَلْمَانْيَا (Deutschland)

G 3) Die Possessivsuffixe

Die arabische Sprache besitzt als semitische Sprache keine *Possessivpronomina* (besitzanzeigenden Fürwörter) in der Form von eigenständigen Wörtern, wie sie in den indoeuropäischen Sprachen (z.B. im Deutschen *mein* usw., im Englischen *my* und im Französischen *mon*) benutzt werden. Diese Funktion wird im Arabischen von sogenannten *Possessivsuffixen*, d.h. angehängten Zusatzsilben mit besitzanzeigender Funktion, übernommen.

Dabei muß beachtet werden, daß viele dieser Suffixe konsonantisch beginnen und deswegen eines Bindevokals bedürfen, wenn man keine dialektalen Formen benutzen will. Hierzu werden normalerweise die Deklinationsendungen für determinierte Substantive benutzt. Diese lauten im Singular *-u* (ُ) für den Nominativ, *-a* (َ) für den Akkusativ und *-i* (ِ) für den Genetiv, der auch nach allen Präpositionen benutzt wird. Bei der 3. Person Maskulinum Singular bedarf die

Endung in Verbindung mit einem Genitiv selber noch einmal dieses Hilfvokals. In der Regel gilt dies auch für die Endungen der 3. Person Dual und Plural.

Bei Wortformen, die ohne Suffix auf ein ـة (*tāʾ-marbūṭa*) enden, wird dieses in Schrift und Aussprache durch ein ـت (*tāʾ*) ersetzt.

Wörter mit Possessivpronomen gelten grundsätzlich als *determiniert*, d.h. sie dürfen nicht zusätzlich mit einem Artikel versehen werden.

Form	Endung	Beispiel	mit ـة (*tāʾ-marbūṭa*)
1. Sg.	ـي *-ī*	*kitābī* – كِتَابِي (mein Buch) Nom. = Akk. = Gen.	*madīnatī* – مَدِينَتِي (meine Stadt) Nom. = Akk. = Gen.
2. m. Sg.	ـكَ *-ka*	*kitābuka* – كِتَابُكَ (dein (m.) Buch) Akk.: *kitābaka* – كِتَابَكَ Gen.: *kitābika* – كِتَابِكَ	*madīnatuka* – مَدِينَتُكَ (deine (m.) Stadt) Akk.: *madīnataka* – مَدِينَتَكَ Gen.: *madīnatika* – مَدِينَتِكَ
2. f. Sg.	ـكِ *-ki*	*kitābuki* – كِتَابُكِ (dein (f.) Buch) Akk.: *kitābaki* – كِتَابَكِ Gen.: *kitābiki* – كِتَابِكِ	*madīnatuki* – مَدِينَتُكِ (deine (f.) Stadt) Akk.: *madīnataki* – مَدِينَتَكِ Gen.: *madīnatiki* – مَدِينَتِكِ
3. m. Sg.	ـه *-h*(*u*)	*kitābuhu* – كِتَابُهُ (sein Buch) Akk.: *kitābahu* – كِتَابَهُ Gen.: *kitābihi* – كِتَابِهِ	*madīnatuhu* – مَدِينَتُهُ (seine Stadt) Akk.: *madīnatahu* – مَدِينَتَهُ Gen.: *madīnatihi* – مَدِينَتِهِ
3. f. Sg.	ـهَا *-hā*	*kitābuhā* – كِتَابُهَا (ihr Buch) Akk.: *kitābahā* – كِتَابَهَا Gen.: *kitābihā* – كِتَابِهَا	*madīnatuhā* – مَدِينَتُهَا (ihre Stadt) Akk.: *madīnatahā* – مَدِينَتَهَا Gen.: *madīnatihā* – مَدِينَتِهَا

1. Pl.	نَا *-nā*	*kitābunā* – كِتَابُنَا (unser Buch) Akk.: *kitābanā* – كِتَابَنَا Gen.: *kitābinā* – كِتَابِنَا	*madīnatunā* – مَدِينَتُنَا (unsere Stadt) Akk.: *madīnatanā* – مَدِينَتَنَا Gen.: *madīnatinā* – مَدِينَتِنَا
2. m. Pl.	كُم *-kum*	*kitābukum* – كِتَابُكُم (euer (m.) Buch) Akk.: *kitābakum* – كِتَابَكُم Gen.: *kitābikum* – كِتَابِكُم	*madīnatukum* – مَدِينَتُكُم (eure (m.) Stadt) Akk.: *madīnatakum* – مَدِينَتَكُم Gen.: *madīnatikum* – مَدِينَتِكُم
2. f. Pl.	كُنَّ *-kunna*	*kitābukunna* – كِتَابُكُنَّ (euer (f.) Buch) Akk.: *kitābakunna* – كِتَابَكُنَّ Gen.: *kitābikunna* – كِتَابِكُنَّ	*madīnatukunna* – مَدِينَتُكُنَّ (eure (f.) Stadt) Akk.: *madīnatakunna* – مَدِينَتَكُنَّ Gen.: *madīnatikunna* – مَدِينَتِكُنَّ
3. m. Pl.	هُم *-hum*	*kitābuhum* – كِتَابُهُم (ihr (m.) Buch) Akk.: *kitābahum* – كِتَابَهُم Gen.: *kitābihim* – كِتَابِهِم	*madīnatuhum* – مَدِينَتُهُم (ihre (m.) Stadt) Akk.: *madīnatahum* – مَدِينَتَهُم Gen.: *madīnatihim* – مَدِينَتِهِم
3. f. Pl.	هُنَّ *-hunna*	*kitābuhunna* – كِتَابُهُنَّ (ihr (f.) Buch) Akk.: *kitābahunna* – كِتَابَهُنَّ Gen.: *kitābihinna* – كِتَابِهِنَّ	*madīnatuhunna* – مَدِينَتُهُنَّ (ihre (f.) Stadt) Akk.: *madīnatahunna* – مَدِينَتَهُنَّ Gen.: *madīnatihinna* – مَدِينَتِهِنَّ

Bei einigen wenigen Substantiven, v.a. bei einsilbigen Bezeichnungen für männliche Verwandte (z.B. أَب – *ab* (Vater) und أَخ – *aḫ* (Bruder)), wird der Bindevokal zwischen Substantiv und Possessifsuffix gelängt und im Schriftbild als Langsvokal geschrieben. Klassische Wörterbücher, in denen sämtliche Wörter nach ihren Wurzeln geordnet werden, sortieren diese in der Position ein, die sie einnehmen würden, wenn sie grundsätzlich mit *-ū* - ُو enden würden (also z.B. أَب – *ab* unter ا + ب + و und أَخ – *aḫ* unter ا + خ + و).

Form	Endung	Formen von *ab* – أَب	Formen von *aḫ* – أَخ
2. m. Sg.	كَ *-ka*	*abūka* – أَبُوكَ (dein (m.) Vater) Akk.: *abāka* – أَبَاكَ Gen.: *abīka* – أَبِيكَ	*aḫūka* – أَخُوكَ (dein (m.) Bruder) Akk.: *aḫāka* – أَخَاكَ Gen.: *aḫīka* – أَخِيكَ

G 4) Die verschiedenen Verbindungen von Substantiv und Adjektiv

a) Die Verbindungsmöglichkeiten

Verbindungen von Substantiven und Adjektiven können in zwei funktional unterschiedliche Gruppen eingeteilt werden, nämlich einerseits in die *attributiven* Verbindungen (das Adjektiv als nähere Bestimmung eines Substantives) und andererseits in die Verbindungen, in denen das Adjektiv die Funktion des Prädikatsnomens eines Nominalsatzes übernimmt (s. S. 26 (L 1, G 7)).

Generell lassen sich diese Fälle durch die Verteilung des Artikels bei Substantiv und dazugehörigem Adjektiv unterscheiden. Bei einem Nominalsatz hat das Substantiv in der Regel einen Artikel, während das Prädikatsnomen nicht mit einem Artikel versehen wird. Bei attributiven Verbindungen müssen dagegen sowohl Substantiv als auch Adjektiv *zugleich* determiniert oder nicht determiniert sein. Der Gesamtkomplex von Substantiv und Adjektiv gilt dann dementsprechend als determiniert oder nicht determiniert.

Einzelwörter	*ab* – أَب (Vater) bzw. *abī* – أَبِي (mein Vater) *karīm* – كَرِيم (großzügig)
attributive Funktion des Adjektivs (nicht determiniert)	*ab karīm* – أَب كَرِيم (ein großzügiger Vater)
attributive Funktion des Adjektivs (determiniert)	*al-ab al-karīm* – الْأَب الْكَرِيم (der großzügige Vater) *abi l-karīm* – أَبِي الْكَرِيم (mein großzügiger Vater)

Adjekt als Prädikatsnomen in einem Nominalsatz	*al-ab karīm* – الأَبُ كَرِيم (der Vater ist großzügig) *abī karīm* – أَبِي كَرِيم (mein Vater ist großzügig)

b) Die Kongruenz im Singular

Bei der Zusammensetzung von Substantiv und Adjektiv gelten auch bestimmte *Kongruenzregeln* (Übereinstimmungsregeln). Diese gelten hierbei grundsätzlich sowohl für Adjektive als Attribute als auch für Adjektive als Prädikatsanomina.
Im Singular lautet die Regel ganz einfach, daß das Adjektiv im gleichen *Genus* (Geschlecht) wie das Substantiv und im Singular stehen muß.

Maskulinum	**Femininum**
ab karīm – أَب كَرِيم (ein großzügiger Vater)	*umm karīma* – أُمّ كَرِيمَة (eine großzügige Mutter)
al-ab al-karīm – الأَب الْكَرِيم (der großzügige Vater)	*al-umm al-karīma* – الأُمّ الْكَرِيمَة (die großzügige Mutter)
al-ab karīm – الأَب كَرِيم (der Vater ist großzügig)	*al-umm karīma* – الأُمّ كَرِيمَة (die Mutter ist großzügig)

G 5) Die Genitivkonstruktion

a) Die eigentliche Konstruktion

Eine Genitivkonstruktion (z.B. *die Tür des Hauses*) besteht in allen Sprachen aus zwei Gliedern, nämlich dem Bezugswort, dem sogenannten *nomen regens* (hier *die Tür*) und dem Genitiv, dem sogenannten *nomen rectum* (hier *des Hauses*).
Bei der regulären Genitivverbindung folgt in der arabischen Sprache der Genitiv direkt seinem Bezugswort. Dabei behält das Wort im Genitiv die Form, die es auch hätte, wenn es nicht in einer Genitivkonstruktion, sondern frei stehen würde. Diese Form bezeichnet man bei semitischen Sprachen als *status absolutus*. Das

Bezugswort nimmt dagegen in der Genitivverbindung eine besondere Form an, den sogenannten *status constructus*. Im Arabischen entspricht diese Form im Singular in der Regel der regulären Form des *status absolutus*. Eine der wenigen Ausnahmen besteht in der Aussprache des ـة (*tāʾ-marbūṭa*), das trotz gleichen Schriftbildes im *status constructus* als *-at* ausgesprochen werden muß. Außerdem behalten auch die Substantive, die vor Possessivsuffixen eine Längung des Bindevokals aufweisen (v.a. أَب – *ab* und أَخ – *aḫ*), diesen gelängten Bindevokal auch im *status constructus*.

Der *status constructus* zeichnet sich vor allem dadurch aus, daß er niemals direkt determiniert werden kann, also niemals ein Artikel oder ein Suffix an das Wort selber angefügt werden dürfen.

Eine Genitivverbindung kann nur als ganzes determiniert oder nicht determiniert sein, eine Zwischenlösung gibt es nicht. Dies bebedeutet z.B., daß man mit dieser Konstruktion Wortverbindungen wie *eine Tür eines Hauses* oder *die Tür des Hauses* ausdrücken kann, während Verbindungen wie *eine Tür des Hauses* oder *die Tür eines Hauses* in dieser Deutlichkeit nur mittels Ersatzkonstruktionen umschrieben werden können.

Die *Determination* erfolgt dadurch, daß der Genitiv *determiniert* wird. Dann gilt die gesamte Verbindung als determiniert, sonst nicht.

nicht determiniert	determiniert
bāb bayt – بَاب بَيْت (eine Tür eines Hauses)	*bāb al-bayt* – بَاب الْبَيْت (die Tür des Hauses)
	bāb baytī – بَاب بَيْتِي (die Tür meines Hauses)
	bayt Aḥmad – بَيْت أَحْمَد (das Haus Ahmads)
maktabat ǧāmiʿa – مَكْتَبَة جَامِعَة (eine Bibliothek einer Universität)	*maktabat al-ǧāmiʿa* – مَكْتَبَة الْجَامِعَة (die Bibliothek der Universität)
	abū Aḥmad – أَبُو أَحْمَد (der Vaters Ahmads (Nominativ))

	abā Aḥmad – أَبَا أَحْمَد (den Vaters Ahmads (Akkusativ))

Soll eines der Glieder dieser Konstruktion noch ein Adjektiv erhalten, so muß es hinter der Gesamtkonstruktion stehen. Ist die Genitivverbindung determiniert, so muß auch das Adjektiv determiniert werden. Soll der genaue Bezug des Adjektivs zu einem der Wörter der Konstruktion verdeutlicht werden, so muß dies mittels einer Ersatzkonstruktion erfolgen.

nicht determiniert	determiniert
بَاب بَيْت كَبِير *bāb bayt kabīr* (eine große Tür eines Hauses; *oder:* eine Tür eines großen Hauses)	بَاب الْبَيْت الْكَبِير *bāb al-bayt al-kabīr* (die große Tür des Hauses; *oder:* die Tür des großen Hauses)
	بَاب بَيْتِي الْكَبِير *bāb bayti l-kabīr* (die große Tür meines Hauses; *oder:* die Tür meines großen Hauses)
	بَيْت أَحْمَد الْكَبِير *bayt Aḥmad al-kabīr* (das große Haus Ahmads; *oder:* das Haus des großen Ahmad)

Soll der Genitiv sich auf mehrere Bezugsworte zugleich beziehen, so verlangt die arabische Grammatik, daß nur eines von diesen in der Verbindung steht, während die anderen mit Possessivsuffixen nachfolgen.

determiniert
bāb al-bayt wa-šubbākuhu – بَاب الْبَيْت وَشُبَّاكُهُ
(die Tür des Hauses und sein Fenster = die Tür und das Fenster des Hauses)

Die Genitivverbindung dient auch als Ersatz für die Konstruktion des *Kompositum* in der deutschen Sprache. Dabei werden auch Verbindungen verwendet, die sich nicht mehr wörtlich mittels eines deutschen Genitives übersetzen lassen, sondern eine neue lexikalische Bedeutung erhalten. Oft lassen sich diese Formen dann mittels *für* oder *zu* übersetzen und sich z.B. mit dem in der lateinischen und altgriechischen Sprache üblichen *Genitivus objectivus* vergleichen (z.B. *amor parentium* als *Liebe der Eltern*, aber zugleich auch *Liebe zu den Eltern*).

Diese Konstruktion kann auch durch das Anreihen weiterer Genitive zu einer theoretisch beliebig langen *Genitivkette* erweitert werden. Dabei steht lediglich das letzte Glied dieser Kette im *status absolutus*, während alle anderen in den *status constructus* gesetzt werden.

determiniert
safar malik al-balad – سَفَر مَلِك الْبَلَد (die Reise des Königs des Landes)

b) Ersatzkonstruktionen

Die Genitivkette kann aber auch mittels Ersatzkonstruktionen aufgelöst werden. Dies geschieht vor allem dann, wenn entweder nur eines der beiden Glieder determiniert oder der Bezug des Adjektivs zu einem bestimmten der Glieder der Konstruktion verdeutlicht werden soll.

Die Auflösung der Kette erfolgt meistens durch die Verwendung der Präpositionen *min* – مِن (von) oder *li* – لِ (für, zu).

nur ein Glied determiniert
bāb min abwāb al-bayt – بَاب مِن أَبْوَاب الْبَيْت (eine Tür von den Türen des Hauses = eine Tür des Hauses)
bāb min abwāb baytī – بَاب مِن أَبْوَاب بَيْتِي (eine Tür von den Türen meines Hauses = eine Tür meines Hauses)
bayt min buyūt Aḥmad – بَيْت مِن بُيُوت أَحْمَد (ein Haus von den Häusern Ahmads = ein Haus Ahmads)

eindeutige Zuordnung des Adjektivs	
الْبَاب الْكَبِير لِلْبَيْت	الْبَاب لِلْبَيْت الْكَبِير
al-bāb al-kabīr li-l-bayt	*al-bāb li-l-bayt al-kabīr*
(die große Tür des Hauses)	(die Tür des großen Hauses)

G 6) Die Wortfrage

Wie schon erwähnt (s. S. 24 (L 1, G 5)), wird bei der *Wortfrage* mittels eines Fragepronomens (Fragewortes) ein Sachververhalt erfragt. Das Hauptgewicht der Frage liegt dabei auf dem Fragepronomen. Als Antwort wird die Schilderung dieses Sachverhaltes erwartet, die in Form eines Aussagesatzes erfolgen muß.

Die Wortfrage bereitet auch dem Neuling in der arabischen Sprache kaum Schwierigkeiten. Daher sollen hier hauptsächlich die gängigen *Fragepronomina* (Fragewörter) vorgestellt werden. Dabei soll zwischen zwei Typen unterschieden werden, nämlich zwischen den Fragepronomina, die jede syntaktische Funktion innerhalb eines Fragesatzes übernehmen können, und denen, die lediglich als adverbiale Bestimmung dienen können.

Fragepronomina können im Arabischen dabei Teil sowohl eines Verbalsatzes (mit explizitem Verb im Satz, s. S. 119 (L 5, G 4)) als auch eines Nominalsatzes (s. S. 26 (L 1, G 7)) sein. Eine Ausnahme bilden dabei lediglich *mā* – مَا und *māḏā* – مَاذَا (was), da *mā* – مَا für Nominalsätze reserviert ist, während *māḏā* – مَاذَا nur in Verbindung mit einem Verb stehen kann.

a) Fragepronomina mit variabler syntaktischer Funktion

Pronomen	Beispielsfrage	Übersetzung	Erläuterung
man – مَن (wer)	مَن يَسْأَلُ مُنَى؟ *Man yas›alu Munā?*	Wer fragt Muna?	als Subjekt im Verbalsatz
	مَن هُوَ الْمَلِك؟ *Man huwa al-malik?*	Wer ist der König?	im Nominalsatz

	مَن تَسْأَلُ مُنَى؟ *Man tas›alu Munā?*	Wen fragt Muna?	als Objekt im Verbalsatz
	أَبُو مَن يَسْكُنُ هُنَا؟ *Abū man yaskunu hunā?*	Wessen Vater wohnt hier?	als Attribut im Verbalsatz
	بَيْت مَن هَذَا؟ *Bayt man hāḏā?*	Wessen Haus ist das?	als Attribut im Nominalsatz
mā – مَا (was)	مَا اسْمُكَ؟ *Ma smuka?*	Was ist dein Name? (Wie heißt du?)	im Nominalsatz
lima – لِمَ (warum)	لِمَ السُّؤَال؟ *Lima s-su›āl?*	Für was ist die Frage? (Warum die Frage?)	mit Präposition (Adverbiale)
māḏā – مَاذَا (was)	مَاذَا يُوجَدُ هُنَاك؟ *Māḏā yūǧadu hunāk?*	Was gibt es dort?	als Subjekt im Verbalsatz
	مَاذَا يَكْتُبُ؟ *Māḏā yaktubu?*	Was schreibt er?	als Objekt im Verbalsatz
	لِمَاذَا يُسَافِرُ نَبِيل إِلَى سُورْيَا؟ *Li-māḏā yusāfiru Nabīl ilā Sūryā?*	Für was reist Nabil nach Syrien? (Warum reist Nabil nach Syrien?)	mit Präposition (Adverbiale)
kam – كَم (wie viele) [+ Akk. Sg.]	كَم أَخ يَسْكُنُونَ فِي الْبَيْت؟ *Kam aḫ yaskunūna fi l-bayt?*	Wie viele Brüder leben in dem Haus	als Subjekt im Verbalsatz
	كَم السِّعْر؟ *Kam as-si‹r?*	Wieviel ist der Preis? (Was kostet das?)	im Nominalsatz

	بَيْت كَم رَجُل هَذَا؟ *Bayt kam rağul hāḏā?*	Von wie vielen Männern ist dieses Haus?	als Attribut im Nominalsatz
	كَم كِتَاب يَكْتُبُ؟ *Kam kitāb yaktubu?*	Wie viele Bücher schreibt er?	als Objekt im Verbalsatz

b) Fragepronomina mit adverbialer Funktion

Pronomen	**Beispielsfrage**	**Übersetzung**	**Erläuterung**
kayfa – كَيْف (wie)	كَيْفَ يُسَافِرُ سَمِير إِلَى سُورْيَا؟ *Kayfa yusāfiru Samīr ilā Sūryā?*	Wie reist Samir nach Syrien?	im Verbalsatz
	كَيْفَ أَلْمَانْيَا؟ *Kayfa Almānyā?*	Wie ist Deutschland?	im Nominalsatz
ayna – أَيْنَ (wo)	أَيْنَ تَسْكُنُ نُورَا؟ *Ayna taskunu Nūrā?*	Wo wohnt Nura?	im Verbalsatz
	أَيْنَ أَلْمَانْيَا؟ *Ayna Almānyā?*	Wo ist Deutschland? (Wo liegt Deutschland?)	im Nominalsatz
	إِلَى أَيْنَ يُسَافِرُ؟ *Ilā ayna yusāfiru?*	Wohin reist er?	mit Präposition
	مِن أَيْنَ يَذْهَبُ؟ *Min ayna yaḏhabu?*	Von wo kommt er? (Woher kommt er?)	
matā – مَتَى (wann)	مَتَى تَكْتُبُ نَبِيلَة؟ *Matā taktubu Nabīla?*	Wann schreibt Nabila?	im Verbalsatz
	مَتَى الأَكْل؟ *Mata l-akl?*	Wann ist das Essen? (Wann gibt es Essen?)	im Nominalsatz

Vokabeln – الْمُفْرَدَات

junger Mann, Jüngling	*šābb*; Pl.: *šubbān / šabāb*	شَابّ؛ ج.: شُبَّان / شَبَاب
der Sudan	*as-Sūdān*	السُّودَان
Madani [Stadt im Sudan]	*Madanī*	مَدَنِي
fahren; reisen	*yusāfiru*	يُسَافِرُ
heute	*al-yawm*	الْيَوْم
wohnen; sich beruhigen (sie (m. Pl.) wohnen)	*yaskunu* (*fī*) (*yaskunūna*)	يَسْكُنُ (فِي) (يَسْكُنُونَ)
groß	*kabīr*; Pl.: *kibār*	كَبِير؛ ج.: كِبَار
Post	*barīd*	بَرِيد
schicken, senden	*yursilu* (+ Akk., *ilā*)	يُرْسِلُ (ه/ه إِلَى)
Brief; Schreiben; Abhandlung	*risāla*; Pl.: *rasā›il*	رِسَالَة؛ ج.: رَسَائِل
über [Präp.]	*‹an*	عَن
Leute	*nās*	نَاس
Krankenhaus	*mustašfā*; Pl.: *mustašfayāt*	مُسْتَشْفَى؛ ج.: مُسْتَشْفَيَات
Rosen (eine Rose)	*ward* (*al-wāḥida warda*)	وَرْد (الْوَاحِدَة وَرْدَة)
durch, hindurch; mittels, über	*‹abra*	عَبْرَ
E-Mail	*īmayl*	إِيمَيْل
Aprikosen (eine Aprikose)	*mišmiš* (*al-wāḥida mišmiša*)	مِشْمِش (الْوَاحِدَة مِشْمِشَة)
Feigen (eine Feige)	*tīn* (*al-wāḥida tīna*)	تِين (الْوَاحِدَة تِينَة)
Fisch (ein Fisch)	*samak* (*al-wāḥida samaka*); Pl.: *asmāk*	سَمَك (الْوَاحِدَة سَمَكَة)؛ ج.: أَسْمَاك

getrockneter Fisch	*samak baladiyy*	سَمَك بَلَدِيّ
Oktober	*uktūbar*	أُكْتُوبَر
schnell	*sarī‹*; Pl.: *sirā‹*	سَرِيع؛ ج.: سِرَاع
Scheck	*šīk*	شِيك
Wort, Rede	*kalima*; Pl.: *kalimāt*	كَلِمَة؛ ج.: كَلِمَات
Hand	*yad* (f.); Pl.: *aydin* / *al-aydī* / *ayādin* / *al- ayādī*	يَد (م)؛ ج: أَيْدٍ / الأَيْدِي / أَيَادٍ / الأَيَادِي
Tür; Kapitel	*bāb*; Pl.: *abwāb* / *bībān*	بَاب؛ ج.: أَبْوَاب / بِيبَان
Fenster	*šubbāk*; Pl.: *šabābīk*	شُبَّاك؛ ج.: شَبَابِيك
(das) Reisen, Reise; Fahrt; Abreise	*safar*; Pl.: *asfār*	سَفَر ؛ ج.: أَسْفَار
fragen	*yas›alu* (+ Akk., *‹an*)	يَسْأَلُ (ه/ه عَن)
dieser [m./f.]	*hāḏā* / *hāḏihi*; Pl.: *hā›ulā›i*	هَذَا / هَذِهِ؛ ج: هَؤُلاَءِ
warum?	*lima*	لِمَ؟
Frage	*su›āl*; Pl.: *as›ila*	سُؤَال؛ ج.: أَسْئِلَة
dort	*hunāka*	هُنَاكَ
warum? [vor Verben und Präpositionen]	*li-māḏā*	لِمَاذَا؟
es gibt, es befindet sich	*yūǧadu* / *tūǧadu*	يُوجَدُ / تُوجَدُ
wieviel? wie viele?	*kam?*	كَم؟
Preis; Kurs	*si‹r*; Pl.: *as‹ār*	سِعْر ؛ ج.: أَسْعَار
wohin?	*ilā ayna?*	إِلَى أَيْنَ؟
woher?	*min ayna?*	مِن أَيْنَ؟
wann?	*matā?*	مَتَى؟
(das) Essen; Essen, Speise	*akl*	أَكْل
Milch	*laban*; Pl.: *albān*	لَبَن؛ ج.: أَلْبَان
warm	*sāḫin*	سَاخِن

malen, zeichnen	*yarsumu* (+ Akk.)	يَرْسُمُ (هـ/هـ)
trinken	*yašrabu* (+ Akk.)	يَشْرَبُ (هـ)
Saft, Juice	*‹aṣīr*; Pl.: *‹aṣā›ir*	عَصِير ؛ ج.: عَصَائِر
Äpfel	*tuffāḥ* (*al-wāḥida tuffāḥa*)	تُفَّاح (الْوَاحِدَة تُفَّاحَة)
Mann	*rağul*; Pl.: *riğāl*	رَجُل؛ ج.: رِجَال
Jordanien	*al-Urdun*	الأُرْدُن
Moschee	*ğāmi‹*; Pl.: *ğawāmi‹*	جَامِع؛ ج.: جَوَامِع
Zeitung	*ğarīda*; Pl.: *ğarā›id*	جَرِيدَة؛ ج.: جَرَائِد
Schule	*madrasa*; Pl.: *madāris*	مَدْرَسَة؛ ج.: مَدَارِس
Junge, Kind; Sohn	*walad*; Pl.: *awlād*	وَلَد؛ ج.: أَوْلاَد
Kleidungsstück, Gewand; *Pl.*: Kleider, Kleidung	*malbas*; Pl.: *malābis*	مَلْبَس؛ ج.: مَلاَبِس
Auto	*sayyāra*	سَيَّارَة
Jahr	*sana*; Pl.: *sanawāt*	سَنَة؛ ج.: سَنَوَات
Frankreich	*Faransā*	فَرَنْسَا
wissen; kennen (ich kenne)	*ya‹rifu* (+ Akk.) (*a‹rifu*)	يَعْرِفُ (هـ/هـ) (أَعْرِفُ)

Übungen – تَمَارِين

Ü 1) Schreiben Sie die folgenden Buchstaben nach!

b	a	
كدر:	ثثث:	1
ذبيب:	سسس:	2
كعك:	ششش:	3
ثوب:	صص:	4

5	ععع:	كله:
6	ههه:	كلاب:
7	أمة:	وشه:
8	نتة:	صمع:
9	فجة:	وجع:
10	مية:	نفع:
11	ومة:	رفص:
12	نية:	نذد:
13	سذش:	تدذ:
14	دشذ:	صد:
15	ثقل:	شدذ:
16	شمل:	عدف:
17	خصلة:	هفه:
18	فكع:	فتم:
19	ثلب:	كان:
20	هرع:	صنم:
21	صول:	نفاع:
22	عرين:	كمين:
23	سهل:	ثلج:
24	لعية:	شب:

Ü 2) Ordnen Sie die arabischen Buchstaben ihrer jeweiligen Transkription zu!

s	*ṣ*	*ṯ*	*š*	*h*	*ḏ*	ʿ	*d*

ش	ع	ذ	ص	س	د	ه	ث

Ü 3) Schreiben Sie die folgenden Wörter mit ihrer Vokalisierung nach!

b	a	
جِرَاب:	مَكَّة:	1
عَيْنُهَا:	جَنَّة:	2
هُرُوب:	مَرَبَّة:	3
مِشْمِش:	جَرِيمَة:	4
سَمَكَة:	رَكِبَهُ:	5
شَمَعَة:	صِهْر:	6
عُلْبَة:	ثَعْلَب:	7
فِيل:	عَرَبِيّ:	8
فِلْفِل:	ثَمَالَة:	9
أَلْمَانِيّ:	شَمْس:	10
فَرَنْسِيّ:	صَلْصَة:	11
عَمَلِيّ:	ثِيَاب:	12
دَرْب:	عَلَى:	13
خُبَاب:	دُبّ:	14
حُلاَب:	ذَيْل:	15

Ü 4) Lesen Sie, und schreiben Sie ab!

e	d	c	b	a	
سِي	سُو	سَا	سِ	سُ	1
شَي	شَو	شَا	شُ	شَ	2
ذِي	يَذُوب	ذِنَب	ذُبَاب	دِ	3
ثَأْر	رِي	رُو	رِ	رُ	4
شَدَى	دَسَّ	دَرَّة	ذَرَة	دُشّ	5
رَسَوَ	شَرَدَ	دَرَسَ	رَدَّ	رُصّ	6
شِيش	نَاس	صَبَرَ	ثَوْرَة	نَصْبُر	7
شَرْشَر	سِدَر	دَرْس	سِرّ	شَرّ	8

صَلاَة	شَمْس	رَسْم	رَسْرَس	صَرْصَر	9
سَكَنَ	نَكَسَ	نَكَشَ	كَسَرَ	دَخَلَ	10
ثَمُلَ	سَلِمَ	وَكَلَ	ثَمَن	ذَلِكَ	11
خَرَّبَ	بَرَّكَ	وَرَّكَ	وَدَّدَ	كَمُلَ	12
مَاشِي	مَال	خَال	سَالَ	سَلَبَ	13
خَابَ	شَابَ	سَابِ	رَوبَ	دَابَ	14

Ü 5) Lesen Sie die folgenden Sätze, und schreiben Sie sie ab!

يَأْكُلُ كَمَال تَمْر بِلَبَن سَاخِن.	1
يَكْتُبُ مُنِير رِسَالَة لِسَامِي فِي مِصْر.	2
يَرْسُمُ مُنِير كَلْب.	3
تَشْرَبُ خَنْسَاء عَصِير تُفَّاح.	4
اَلسَّلاَم عَلَيْكُم، يَا سَامِي.	5

Ü 6) Schreiben Sie folgende Buchstabenkombinationen in arabischer Schrift!

	a	b	c	d
1	*sī*	*ḏī*	*ḏā*	*sā*
2	*sābā*	*sāšā*	*šīšī*	*šā*
3	*ṣāba*	*‹āba*	*ḏāba*	*rāb*
4	*šāb*	*‹alam*	*su›āl*	*šimāl*
5	*ḏahala*	*raml*	*damasa*	*šamma*

6	*‹ammāhum*	*ḏammahā*	*ramram*	*ḫaṣḫaṣ*
7	*šidda*	*ṣadda*	*radda*	*kadda*
8	*salima*	*šamma‹a*	*‹ilal*	*šamlahu*
9	*ḏimma*	*rimāl*	*ḏulāl*	*ramliyy*
10	*samna*	*ṣabrān*	*ğamalān*	*šaḥmān*
11	*ṯulṯahu*	*šumūs*	*‹aynu-ka*	*ṯalāṯa*
12	*salāmāt*	*‹alaykunna*	*kabbahu*	*šarbāt*

Ü 7) Bilden Sie zu den folgenden Verbformen der 3. Person Singular Präsens jeweils die des anderen Genus (Geschlechts)!

	Maskulinum	**Femininum**
1	يَشْرَبُ	
2		تَرْسُمُ
3	يَذْهَبُ	
4		تُوجَدُ
5	يَسْأَلُ	
6		تُرْسِلُ
7	يَعْمَلُ	
8		تَسْكُنُ
9	يُسَافِرُ	

10		تَكْتُبُ
11	يَأْكُلُ	

Ü 8) Bilden Sie zu den folgenden Wörtern das zugehörige Femininum (mit einem Beispielssatz)

	جَمِيل	**1**
	نَبِيل	**2**
	كَاتِب	**3**
	لُبْنَانِيّ	**4**
	أُسْتَاذ	**5**
	أَلْمَانِيّ	**6**
	رَبّ	**7**
	سَفِير	**8**
	سْوِيسْرِيّ	**9**
	مُؤَرِّخ	**10**

Ü 9) Übersetzen Sie folgende Formen ins Arabische!

	Deutsch	Arabisch
1	meine Tochter	
2	seine Schwester	
3	unser Haus	
4	eure (f.) Stadt	
5	dein (m.) Hund	
6	ihr (m. Pl.) Büro	
7	ihr (f. Sg.) Lehrer	
8	euer (m.) Vater	

9	ihre (f. Pl.) Mutter	
10	dein (f.) Bruder	

Ü 10) Verbinden Sie folgende Ausdrücke mit der korrekten Form von جَمِيل!

	رَجُل	**1**
	الأُخْت	**2**
	أَبِي	**3**
	الأُمّ (Nominalsatz)	**4**
	مُنَى	**5**
	بَيْت	**6**
	الشُّبَّاك (Nominalsatz)	**7**
	الْمَسَاء	**8**
	لَيْلَة	**9**
	الشَّمْس	**10**

Ü 11) Fügen Sie die Wörter zu einer Genitivverbindung zusammen, und bilden Sie jeweils einen Beispielssatz!

Genitivverbindung	Genitiv	Bezugswort	
	جَامِعَة	مَكْتَبَة	**1**
	الأُرْدُن	الْمَلِك	**2**
	الْمَدِينَة	الْجَامِع	**3**
	رَجُل	بِنْت	**4**
	مُحَمَّد	الْبَيْت	**5**
	مَدْرَسَة	جَرِيدَة	**6**
	الْوَلَد	الْكِتَاب	**7**

	أُخْتِي	الْمَلاَبِس	8
	سَيَّارَة	شُبَّاك	9
	مِيلاَنُو	الْمَدِينَة	10

Ü 12) Übersetzen Sie die folgenden Fragen ins Arabische!

	Deutsch	Arabisch
1	Wie heißt du?	
2	Wie heißt das Mädchen?	
3	Wie heißt die Lehrerin?	
4	Wer bin ich, und wer bist du?	
5	Wer fragt Martina?	
6	Wen fragt Martina?	
7	Was schreibst du?	

Ü 13) Geben Sie Antworten zu folgenden Fragen!

أَنْتِ كَرِيمَة؟	1
هَل اِسْمُكِ كَاتِي؟	2
أَيْنَ يَسْكُنُ مَارْتِن؟	3
مَتَى تَذْهَبُ مُنَى إِلَى مِصْر؟	4
لِمَاذَا تُسَافِرُ الْمَلِكَة نُور إِلَى تُرْكِيَا؟	5
كَم كِتَاب يَكْتُبُ نَبِيل فِي سَنَة؟	6

7	أَيْنَ فَرَنْسَا؟
8	كَيْفَ مَدِينَتُكَ؟
9	مَتَى الأَكْل فِي الْجَامِعَة؟

Ü 14) Beantworten Sie die folgenden Fragen zum Text!

1	مَن خَالِد؟
2	مِن أَيْنَ هُوَ؟
3	إلَى أَيْنَ يُسَافِرُ خَالِد؟
4	أَيْنَ يَسْكُنُ خَالِد؟ وَمَعَ مَن؟
5	أَيْنَ يَعْمَلُ خَالِد؟
6	هَل يَكْتُبُ خَالِد رِسَالَة؟
7	لِمَن يَكْتُبُ خَالِد؟
8	مَن هِيَ وَأَيْنَ تَسْكُنُ؟
9	هَل هِيَ مِن سُورْيَا؟
10	مَاذَا يَكْتُبُ؟

Ü 15) Übersetzen Sie die folgenden Sätze ins Arabische!

1	Mohamed fragt Martina.
2	Manal fragt Salma: „Wie heißt du?“
3	Nura wohnt in Bonn.
4	Salma schreibt einen Brief an Muna in Tunis.

Ü 16) Übernehmen Sie die Rolle des Dolmetschers!

1	Mustafa:	*Ṣabāḥ al-ḫayr, yā Laylā.*
	Dolmetscher:	
2	Layla:	Guten Morgen, Mustafa!
	Dolmetscher:	
3	Mustafa:	*Matā tusāfiru Munā ilā Sūryā?*
	Dolmetscher:	
4	Layla:	Heute reist sie nach Damaskus.
	Dolmetscher:	
5	Mustafa:	*Ayna taskunu fī Dimašq?*
	Dolmetscher:	
6	Layla:	Sie wird in einem großen Haus in der Stadt wohnen. [*Präsens*]
	Dolmetscher	
7	Mustafa:	*Sālām li Munā.*
	Dolmetscher:	

8	Layla:	Vielen Dank und auf Wiedersehen.
	Dolmetscher:	

Ü 17) Schreiben Sie etwas über eine Person, die Sie kennen! Benutzen Sie hierbei für unbekannte Begriffe ein deutsch-arabisches Wörterbuch!

أَعْرِفُ سَيِّد / سَيِّدَة / وَلَد / بِنْت. اِسْمُهُ / اِسْمُهَا

Lektion 5 – الدَّرْسُ الْخَامِسُ

Schrift – الْحُرُوف

S 1) Die vierte Gruppe – *al maǧmūʿa ar-rābiʿa* – الْمَجْمُوعَةُ الرَّابِعَة

a) Einführung der folgenden Konsonanten

Name	Trans-literation	Beschreibung des Lautes
zain	*z*	stimmhafter *s*-Laut wie im Deutschen *Rasen* bzw. im Französischen *zone*; *Sonnenbuchstabe*
ḍād	*ḍ*	dunkles und dumpfes stimmhaftes *d*; wird als *emphatisch* bezeichnet; bei korrekter Aussprache verändert sich die Klangfarbe benachbarter Vokale; *Sonnenbuchstabe*
ṭāʾ	*ṭ*	dunkles und dumpfes stimmloses *t*; wird als *emphatisch* bezeichnet; bei korrekter Aussprache verändert sich die Klangfarbe benachbarter Vokale; *Sonnenbuchstabe*
ẓāʾ	*ẓ*	dunkles und dumpfes stimmhaftes *s*; wird als *emphatisch* bezeichnet; bei korrekter Aussprache verändert sich die Klangfarbe benachbarter Vokale; *Sonnenbuchstabe*
ġain	*ġ*	ein velares *r* wie im französischen Wort *Paris*; entspricht dem im Hochdeutschen üblichen Rachen-*r*; wird bisweilen (vor allem bei Eigennamen) als *gh* umschrieben; *Mondbuchstabe*

qāf	*q*	gepreßter, zwischen hinterem Zungenrücken und hinterem weichen Gaumen gebildeter stimmloser (*k*-ähnlicher) Verschlußlaut; *Mondbuchstabe*

b) Die dazugehörigen Buchstaben

Name	Trans-literation	Form des Buchstabens bei folgenden Stellungen			
		Isoliert	Ende	Mitte	Anfang
zain	*z*	ز	ـز	ـز	ز
ḍād	*ḍ*	ض	ـض	ـضـ	ضـ
ṭā›	*ṭ*	ط	ـط	ـطـ	طـ
ẓā›	*ẓ*	ظ	ـظ	ـظـ	ظـ
ġain	*ġ*	غ	ـغ	ـغـ	غـ
qāf	*q*	ق	ـق	ـقـ	قـ

Der Buchstabe ز (*zain*) kann nur nach rechts verbunden werden.

S 2) Das gesamte arabische Alphabet

Gegenüber den europäischen, aber auch den anderen semitischen Alphabeten zeichnet sich das arabische Alphabet dadurch aus, daß es von diesen in seiner Anordnung der Buchstaben sehr stark abweicht.

Es ist jedoch möglich gewisse Regelmäßigkeiten zu erkennen. Einige davon sollen hier auch genannt werden, jedoch nicht alle, da einige die Kenntnis zumindest des griechischen, wenn nicht gar anderer semitischer Alphabete voraussetzen.

Historisch bedingt ist die Gruppierung von Buchstaben, die in der isolierten Position die gleiche Grundform besitzen, da die Punkte erst später zur Unterscheidung der einzelnen Lautwerte eingeführt worden waren. Dabei werden zuerst die Varianten mit Punkten unterhalb der Grundlinie, danach die ohne Punkte und schließlich die mit Punkten oberhalb der Grundlinie aufgezählt.

Innerhalb dieser Untergruppen stehen die Zeichen mit weniger Punkten vor denen mit mehr.

Die Anordnung der Grundformen kann man teilweise damit erklären, daß ein Buchstabe aus der einen Gruppe im allgemeinen Schema der europäischen und semitischen Alphabete hinter einem der voranstehenden Gruppe folgt. So folgt auf ا (*alif*) die Gruppe mit ب (*bā›*), danach die mit ج (*ǧīm*) und die mit د (*dāl*) (vgl. das hebräische oder das griechische Alphabet, das lateinische *C* hatte ursprünglich auch die Funktion eines *G*, bevor dieses als eigener Buchstabe an neuer Position eingeführt wurde).

Name	Trans-literation	Form des Buchstabens bei folgenden Stellungen			
		Isoliert	Ende	Mitte	Anfang
alif	*a*	ا	ـا	*ـا	*ا
bā›	*b*	ب	ـب	ـبـ	بـ
tā›	*t*	ت	ـت	ـتـ	تـ
ṯā›	*ṯ*	ث	ـث	ـثـ	ثـ
ǧīm	*ǧ*	ج	ـج	ـجـ	جـ
ḥā›	*ḥ*	ح	ـح	ـحـ	حـ
ḫā›	*ḫ*	خ	ـخ	ـخـ	خـ
dāl	*d*	د	ـد	*ـد	*د
ḏāl	*ḏ*	ذ	ـذ	*ـذ	*ذ
rā›	*r*	ر	ـر	*ـر	*ر
zain	*z*	ز	ـز	*ـز	*ز
sīn	*s*	س	ـس	ـسـ	سـ
šīn	*š*	ش	ـش	ـشـ	شـ
ṣād	*ṣ*	ص	ـص	ـصـ	صـ
ḍād	*ḍ*	ض	ـض	ـضـ	ضـ
ṭā›	*ṭ*	ط	ـط	ـطـ	طـ
ẓā›	*ẓ*	ظ	ـظ	ـظـ	ظـ
‹ain	*‹*	ع	ـع	ـعـ	عـ
ġain	*ġ*	غ	ـغ	ـغـ	غـ

fā›	*f*	ف	ـف	ـفـ	فـ
qāf	*q*	ق	ـق	ـقـ	قـ
kāf	*k*	ك	ـك	ـكـ	كـ
lām	*l*	ل	ـل	ـلـ	لـ
mīm	*m*	م	ـم	ـمـ	مـ
nūn	*n*	ن	ـن	ـنـ	نـ
hā›	*h*	ه	ـه	ـهـ	هـ
wāw	*w*	و	ـو	ـو*	و*
yā›	*y*	ي	ـي	ـيـ	يـ

* Diese Buchstaben können nur nach rechts verbunden werden. Folgt innerhalb desselben Wortes ein weiterer Buchstabe, so muß der folgende in seiner Form für die Anfangsstellung bzw. isolierte Stellung angereiht werden, ohne daß beide Buchstaben miteinander verbunden werden (z.B.: ا + ـبـ → ـبا).

Texte – نُصُوص

Text 1:
Der König Aballah – *Al-malik ‹Abd-Allāh* – الْمَلِك عَبْدَالله

الْمَلِك عَبْدَالله هُوَ مَلِك الأُرْدُن.	1
الْمَلِك هُوَ حَاكِم الْبَلَد.	2
يَسْكُنُ الْمَلِك عَبْدَالله فِي مَدِينَة عَمَّان.	3
عَمَّان عَاصِمَة الأُرْدُن.	4
عَمَّان مَدِينَة كَبِيرَة وَجَمِيلَة.	5
يَقَعُ الأُرْدُن فِي آسْيَا.	6
الْجَوّ فِي عَمَّان حَارّ جِدًّا فِي الصَّيْف.	7
وَمُعْتَدِل فِي الشِّتَاء.	8
هَذِهِ مُنَى، هِيَ طَبِيبَة فِي عَمَّان.	9

10	تَتَحَدَّثُ مُنَى اللُّغَة الأَلْمَانيَّة وَالْفَرَنْسِيَّة.
11	هَذَا سُلَيْمَان، هُوَ مِن مَدِينَة بِيتْرَا.
12	سُلَيْمَان طَالِب، يَدْرُسُ الْقَانُون فِي الْجَامِعَة.
13	فِي الصَّبَاح يَذْهَبُ سُلَيْمَان إِلَى الْمَكْتَبَة.
14	وَفِي الْمَسَاء يَذْهَبُ مَعَ صَدِيقِهِ خَالِد إِلَى السِّينِمَا.
15	يُوجَدُ فِي عَمَّان جَامِع كَبِير وجَمِيل.

Text 2:
Ein Gespräch in der Universität – *Ḥadīṯ fi l-ǧāmiʿa* – حَدِيث فِي الْجَامِعَة

1	سَلْمَى:	السَّلاَم عَلَيْكُم، يَا طَارِق.
2	طَارِق:	وَعَلَيْكُم السَّلاَم، يَا سَلْمَى.
3	سَلْمَى:	كَيْفَ حَالُكَ؟
4	طَارِق:	أَنَا بِخَيْر، الْحَمْدُ لله.
5	سَلْمَى:	مَاذَا تَفْعَلُ الآن؟
6	طَارِق:	أَقْرَأُ رِوَايَة جَدِيدَة لِنَجِيب مَحْفُوظ.
7	سَلْمَى:	مَا اسم الرِّوَايَة؟
8	طَارِق:	اِسْمُهَا زُقَاق الْمِدَقّ.
9	سَلْمَى:	هَل الْقِصَّة جَمِيلَة؟
10	طَارِق:	نَعَم، الْقِصَّة مُمْتَازَة.
11	سَلْمَى:	شُكرًا، يَا طَارِق.
12	طَارِق:	عَفْوًا، يَا سَلْمَى.

Text 3:
Friede sei mit euch – *As-salām ‹alaykum* – السَّلَام عَلَيْكُم

1	سَلْمَى:	مَرحَبًا، يَا طَارِق.
2	طَارِق:	أهلاً، يَا سَلْمَى.
3	سَلْمَى:	كَيْفَ حَالُكَ؟
4	طَارِق:	أَنَا بِخَيْر، الْحَمْدُ لله.
5	سَلْمَى:	أَبْحَثُ عَن مُنِير؛ هَل تَعْرِفُ، أَيْنَ هُوَ؟
6	طَارِق:	نَعَم، هُوَ الآن بِالْبَيْت.
7	سَلْمَى:	مَاذَا يَفْعَلُ بِالْبَيْت؟
8	طَارِق:	يَدْرُسُ لِلإمْتِحَان.
9	سَلْمَى:	إذَن هُوَ مَشْغُول.
10	طَارِق:	نَعَم، هُوَ مَشْغُول جِدًّا.
11	سَلْمَى:	سَلِّم لِي عَلَى مُنِير وَإِلَى اللِّقَاء، يَا صَدِيقِي.
12	طَارِق:	مَعَ السَّلاَمَة وَإِلَى الْغَد.

Grammatik – الْقَوَاعِد

G 1) Einführung in das semitische Wurzelsystem

a) Das System

Die arabische Sprache baut wie alle anderen *semitischen Sprachen* auf dem an Konsonanten orientierten *Wurzelsystem* auf. *Wurzeln* sind dabei Kombinationen von in der Regel *drei* Wurzelkonsonanten, den *Radikalen* (in diesem Buch auch bezeichnet als R_1, R_2 und R_3). Die Vokale spielen auf dieser Ebene dagegen überhaupt keine Rolle. Jede dieser Wurzeln, also dieser Kombinationen von Radikalen, hat dabei eine gewisse Grundbedeutung. So besitzen die drei Radikale د (*d*) + ر (*r*) + س (*s*) z.B. die Grundbedeutung *lernen*, *studieren*.

Aus diesen Radikalen können nun Verben, Substantive, Adjektive und manchmal auch Präpositionen abgeleitet werden. Viele arabische Wörterbücher pflegen deswegen sämtliche Wörter nach ihren Wurzeln geordnet aufzuführen.

Werden diese Konsonanten lediglich dadurch zu einem Verb kombiniert, daß die Radikale mit Kurzvokalen (meist *a* (َ)) miteinander verbunden werden, oder direkt davon Nomina abgeleitet, so spricht man vom *Grundstamm*, der die Grundbedeutung dieser Wurzel trägt.

Dabei kann man bei Verben die Wurzel am reinsten in der Form der 3. Person Maskulinum Singular des Perfekts erkennen, da sie weder Präfixe (Vorsilben) noch Suffixe (Endungen) aufweist (z.B. ***darasa*** – دَرَسَ (er hat studiert)). Deswegen pflegen Verben grundsätzlich in dieser Form aufgeführt zu werden, wobei die deutsche Bedeutung dann aber in Infinitivform (z.B. „studieren“) angegeben wird. Dementsprechend wird auch das dazugehörige Präsens in der 3. Person Maskulinum Singular aufgelistet.

Die Wurzel kann aber auf vielfältige Weisen erweitert werden, nämlich:

1.) einer der Radikale wird verdoppelt
2.) einer der Füllvokale zwischen den Radikalen wird gelängt
3.) ein Präfix (eine Vorsilbe) wird vorangestellt
4.) ein Infix (ein zusätzlicher Konsonant) wird zwischen zwei der drei Radikale eingefügt

Nicht in Betracht kommt die Bildung von *Komposita* (Wortzusammensetzungen) im indoeuropäischen Stile. Das bedeutet, daß Wortbildungen in der Art von *auf-schreiben, zusammen-schreiben, nieder-schreiben* in den semitischen Sprachen nicht existieren. Zugleich bedeutet dies aber nicht, daß es für diese Vokabeln in der arabischen Sprache keine Entsprechungen gleicher Bedeutung gibt, sondern nur, daß diese Entsprechungen auf andere Weise gebildet werden müssen, nämlich durch Erweiterungen oder andere Wurzeln.

Wird eine Verbform durch die Anwendung einer oder mehrerer der Erweiterungsmöglichkeiten gebildet bzw. von einer solchen ein Nomen abgeleitet, so spricht man von den *erweiterten Stämmen*. Dabei treten durch die Erweiterung des Stammes Veränderungen in der Bedeutung ein, wobei jedem Stamm gewisse Tendenzen in der Art der Abwandlung der Bedeutung zugeordnet werden können.

Diese Abwandlungsmöglichkeiten sind jedoch immer vielfältig. Außerdem können nicht alle vorkommenden Bedeutungen einer bestimmten Verbform auf Basis dieser Tendenzen abgeleitet werden, sondern manche haben eine bestimmte lexikalische Bedeutung. Deswegen sollen die erweiterten Stämme und ihre gängigen Bedeutungsnuancen erst an späterer Stelle behandelt werden. Denn ihre Kenntnis kann zwar das Erlernen der Bedeutungen vereinfachen und auch im Notfall die ungefähre bedeutungsmäßige Ableitung einer unbekannten Verbform erleichtern, ohne daß sofort ein Wörterbuch notwendig wird. Jedoch ist das System so komplex, daß es den Anfänger in einer semitischen Sprache eher verwirrt. Außerdem bedarf es einer gewissen Übung, bei komplexeren Formen die Wurzel zu erkennen. Aus diesem Grunde sollte der Lernende an dieser Stelle sich lediglich merken, daß sämtliche Wörter, die zu einer Wurzel gehören, ähnliche Bedeutungen haben.

Zur Veranschaulichung möge hier lediglich die folgende Tabelle dienen, in der als Beispiel verschiedene Wörter des Stammes *drs* – درس (lernen, studieren) angeführt werden. Hierbei werden auch die formalen Änderungen angezeigt, wobei diese nur zur Anschauung, aber nicht zum Erlernen eventueller Regeln dienen sollen. Es sei hier darauf verwiesen, daß viele dieser Erweiterungen auch zahlreiche weitere Bedeutungsverschiebungen beinhalten können, die aber bei diesem Verb keine Rolle spielen.

Form	Bedeutung	Kommentar
darasa – دَرَسَ [**R**$_1$a**R**$_2$a**R**$_3$a]	lernen, studieren	Grundstamm
dāris – دَارِس [**R**$_1$ā**R**$_2$i**R**$_3$]	Student, Forscher	Partizip Aktiv des Grundstammes; gebildet durch Umvokalisierung und Längung des ersten Zwischenvokals
dārisa – دَارِسَة [**R**$_1$ā**R**$_2$i**R**$_3$a]	Studentin, Forscherin	Femininum; gebildet durch das Anhängen der Endung des Femininum an die Form des Maskulinum

darrās – دَرَّاس [R_1aR_2R_2āR_3]	ein eifrig Studierender	Verdoppelung des zweiten Radikals und zugleich Längung des zweiten Zwischenvokals (Intensitätsform des Partizips Aktiv)
*ma**drūs*** – مَدْرُوس [maR_1R_2ūR_3]	studiert, untersucht, wohlüberlegt	Partizip Passiv des Grundstammes; gebildet durch Hinzufügung eines Präfix, Umvokalisierung und Längung des zweiten Zwischenvokals
dars – دَرْس [R_1aR_2R_3]	Unterricht, Lektion	Substantiv durch Umvokalisierung (Infinitiv / Verbalsubstantiv des Grundstammes)
dirāsa – دِرَاسَة [R_1iR_2āR_3a]	Studium	Substantiv durch Umvokalisierung und Längung des zweiten Füllvokals; zudem Anhängen der weiblichen Endung
dirāsiyy – دِرَاسِيّ [R_1iR_2āR_3iyy]	zum Studium zugehörig	zusätzliches Anhängen eines adjektivischen Suffixes
*ma**drasa*** – مَدْرَسَة [maR_1R_2aR_3a]	Schule, Lehranstalt	Hinzufügung eines Präfixes, Wegfall des ersten Zwischenvokals und Anhängen der weiblichen Endung
madrasiyy – مَدْرَسِيّ [maR_1R_2aR_3iyy]	zur Schule gehörig	zusätzliches Anhängen eines adjektivischen Suffixes
darrasa – دَرَّسَ [R_1aR_2R_2aR_3a]	lehren, unterrichten	Verdoppelung des zweiten Radikals (Stamm II)
mudarris – مُدَرِّس [muR_1aR_2R_2iR_3]	Lehrer, Dozent	formal das Partizip Aktiv des Stammes II; zu der Verdoppelung kommen eine Veränderung der Vokalabfolge und ein Präfix hinzu

mudarrisa – مُدَرِّسَة [mu**R**$_1$a**R**$_2$**R**$_2$i**R**$_3$a]	Lehrerin, Dozentin	Femininum; gebildet durch das Anhängen der Endung des Femininum an die Form des Maskulinum
tadrīs – تَدْرِيس [ta**R**$_1$**R**$_2$ī**R**$_3$]	Unterricht	Hinzufügung eines Präfixes, außerdem Umvokalisierung und Längung des zweiten Zwischenvokals (Infinitv / Verbalsubstantiv des Stammes II)
dārasa – دَارَسَ [**R**$_1$ā**R**$_2$a**R**$_3$a]	zusammen studieren	Längung des ersten Zwischenvokals (Stamm III)
tadārasa – تَدَارَسَ [ta**R**$_1$ā**R**$_2$a**R**$_3$a]	miteinander genau studieren	zusätzliche Hinzufügung eines Präfix (Stamm VI)

Eine erhebliche Erschwernis dieses Systems besteht darin, daß manche Konsonanten an bestimmten Positionen innerhalb einer Wurzel Unregelmäßigkeiten hervorrufen, die teilweise sogar dazu führen können, daß selbst die Wurzel nur noch mit gewisser Mühe und unter Kenntnis besonderer Regeln erkannt werden kann. Diese Wurzeln werden auch *schwache Wurzeln* genannt, während die regelmäßigen die Bezeichnung *starke Wurzeln* erhalten.

b) Paradigmen und mit ihnen verbundene Nomenklaturen

Die wissenschaftliche Untersuchung der arabischen Grammatik und ihre Systematisierung haben eine jahrhundertelange Tradition. Damit verbunden haben sich seit dem Mittelalter standardisierte Paradigmen durchgesetzt.

Im praktischen Umgang mit der arabischen Grammatik bedeutet dies, daß die meisten traditionellen Grammatiken die Formenlehre auf der Wurzel *fʿl* – فعل (machen, tun) als *Paradigma* (Beispiel) aufbauen. Damit verbunden wird jede in der arabischen Sprache potentiell mögliche Form mittels dieses Paradigmas dargestellt, selbst wenn es diese Form für dieses Verb nicht gibt, da sie z.B. keine vernünftige Bedeutung ergeben würde.

Eine weitere Folge dieses Paradigmas besteht darin, daß in traditionellen Grammatiken jede Form nach der theoretischen Form der Wurzel *f‹l* – فعل benannt wird, wobei dann die Radikale des Paradigmas gleichsam Variablen für alle anderen möglichen Konsonanten des arabischen Alphabets darstellen. So würde z.B. die Form ***madrūs*** – مَدْرُوس als ***maf‹ūl*** – مَفْعُول und ***mudarris*** – مُدَرِّس als ***mufa‹‹il*** – مُفَعِّل bezeichnet werden.

Schließlich erhalten die drei verschiedenen Radikale einer Wurzel ihre traditionellen Bezeichnungen nach den drei Radikalen des Standardparadigmas, so daß der erste Radikal (R_1) ف (*fā›*), der zweite (R_2) ع (*‹ain*) und der dritte (R_3) ل (*lām*) heißt.

In anderen semitischen Sprachen bereitet dieses traditionelle Paradigma gewisse Schwierigkeiten. So gehört es z.B. im Biblisch-Hebräischen, dem traditionellen Einstieg eines Europäers in die semitische Sprachfamilie, zu den schwachen Wurzeln. Daher hat sich in den letzten Jahrzehnten in den Grammatiken der semitischen Sprachen neben der Wurzel *f‹l* – فعل im Bereich der Verbalkonjugation auch das Verb ***kataba*** – كَتَبَ (schreiben) als Paradigma durchsetzen können, das in allen gängigen semitischen Sprachen regelmäßig ist.

G 2) Das Präsens (oder auch *Imperfekt*)

Das semitische Verbalsystem kennt keine festumrissenen Zeitstufen im Sinne der *Tempora* der indoeuropäischen Sprachen, sondern in seiner Grundstruktur lediglich zwei Formen des *Handlungszustandes*, nämlich die *vollendete* Handlung (*Perfekt*) und die *unvollendete* Handlung (*Imperfekt*).

Für den praktischen Sprachgebrauch kann allerdings festgestellt werden, daß das Perfekt als die Feststellung einer Handlung in der Regel einen Vergangenheitschrakter besitzt. Das Imperfekt verweist dagegen als die Betonung des Verlaufs einer Handlung in die Gegenwart und Zukunft, weswegen es gerne auch als *Präsens* bezeichnet wird. Diese Bezeichnung soll auch in diesem Buch übernommen werden, da in der Grammatik der indoeuropäischen Sprachen der Begriff des *Imperfekts* für Formen der Vergangenheit verwendet wird und somit sehr leicht für Konfusionen sorgen könnte.

Von der Formbildung her zeichnet sich das *Präsens* dadurch aus, daß die Form hauptsächlich durch das Voransetzen eines Präfixes (Vorsilbe) gebildet wird, während eventuelle Endungen nur von sekundärer Bedeutung sind. Die auslautenden Kurzvokale werden in der Umgangssprache in der Regel nicht ausgesprochen. Sie sollen hier jedoch von Anfang an eingeführt werden, da v.a. durch sie die verschiedenen *Modi* (Aussageweisen; s. S. 142 (L 6, G 4)) des Präsens voneinander unterschieden werden können.
Jeder der Stämme besitzt im Präsens schließlich neben den stammestypischen Erweiterungen eine für ihn jeweils charakteristische Vokalfolge.

a) Das Präsens beim starken Verb im Grundstamm

Für das Präsens des Grundstammes gibt es bei den starken Verben für die Vokalabfolge drei Untervarianten, die lexikalisch fixiert sind. Daher muß im Grundstamm auch bei starken Verben das Präsens zusammen mit dem Verb erlernt werden.
Bei allen Präsensformen des Grundstammes erhält das Präfix ein *fatḥa* (َ), während der erste Radikal (R_1) unvokalisiert bleibt. Die Vokalisation für den zweiten Radikal (R_2) hängt dagegen vom jeweiligen Verb ab. Es wird dabei zwischen denen auf *ḍamma* (ُ), denen auf *fatḥa* (َ) und denen auf *kasra* (ِ) unterschieden. Abgesehen von diesem Unterschied laufen alle starken Verben im Grundstamm nach demselben Schema, indem sie die gleichen Präfixe und die gleichen Suffixe besitzen. In den folgenden Tabellen werden deswegen zur Verdeutlichung in Schema und Umschrift die Radikale fett und die Präfixe und Suffixe kursiv wiedergegeben.

Verben auf *ḍamma* (ُ) [schreiben – كَتَبَ (يَكْتُبُ)]				
	Singular		**Plural**	
Person	**Schema**	**Form**	**Schema**	**Form**
1.	*›a*$\mathbf{R_1R_2}$u$\mathbf{R_3}$*u*	أَكْتُبُ	*na*$\mathbf{R_1R_2}$u$\mathbf{R_3}$*u*	نَكْتُبُ
	*›a***ktub***u*	ich schreibe	*na***ktub***u*	wir schreiben

2. m.	*ta*R$_1$R$_2$uR$_3$*u* *ta*ktub*u*	تَكْتُبُ du schreibst	*ta*R$_1$R$_2$uR$_3$*ūna* *ta*ktub*ūna*	تَكْتُبُونَ ihr schreibt
2. f.	*ta*R$_1$R$_2$uR$_3$*īna* *ta*ktub*īna*	تَكْتُبِينَ du schreibst	*ta*R$_1$R$_2$uR$_3$*na* *ta*ktub*na*	تَكْتُبْنَ ihr schreibt
3. m.	*ya*R$_1$R$_2$uR$_3$*u* *ya*ktub*u*	يَكْتُبُ er schreibt	*ya*R$_1$R$_2$uR$_3$*ūna* *ya*ktub*ūna*	يَكْتُبُونَ sie schreiben
3. f.	*ta*R$_1$R$_2$uR$_3$*u* *ta*ktub*u*	تَكْتُبُ sie schreibt	*ya*R$_1$R$_2$uR$_3$*na* *ya*ktub*na*	يَكْتُبْنَ sie schreiben

Verben auf *fatḥa* (َ) [machen, tun – فَعَلَ (يَفْعَلُ)]				
	Singular		**Plural**	
Person	**Schema**	**Form**	**Schema**	**Form**
1.	›aR$_1$R$_2$aR$_3$*u* ›af‹al*u*	أَفْعَلُ ich mache	*na*R$_1$R$_2$aR$_3$*u* *na*f‹al*u*	نَفْعَلُ wir machen
2. m.	*ta*R$_1$R$_2$aR$_3$*u* *ta*f‹al*u*	تَفْعَلُ du machst	*ta*R$_1$R$_2$aR$_3$*ūna* *ta*f‹al*ūna*	تَفْعَلُونَ ihr macht
2. f.	*ta*R$_1$R$_2$aR$_3$*īna* *ta*f‹al*īna*	تَفْعَلِينَ du machst	*ta*R$_1$R$_2$aR$_3$*na* *ta*f‹al*na*	تَفْعَلْنَ ihr macht
3. m.	*ya*R$_1$R$_2$aR$_3$*u* *ya*f‹al*u*	يَفْعَلُ er macht	*ya*R$_1$R$_2$aR$_3$*ūna* *ya*f‹al*ūna*	يَفْعَلُونَ sie machen
3. f.	*ta*R$_1$R$_2$aR$_3$*u* *ta*f‹al*u*	تَفْعَلُ sie macht	*ya*R$_1$R$_2$aR$_3$*na* *ya*f‹al*na*	يَفْعَلْنَ sie machen

Verben auf *kasra* (ِ) [(جَلَسَ (يَجْلِسُ]				
	Singular		**Plural**	
Person	**Schema**	**Form**	**Schema**	**Form**
1.	›aR$_1$R$_2$iR$_3$*u* ›ağlis*u*	أَجْلِسُ ich sitze	*na*R$_1$R$_2$iR$_3$*u* *na*ğlis*u*	نَجْلِسُ wir sitzen

2. m.	*ta*$\mathbf{R_1R_2}$**i**$\mathbf{R_3}$*u* *ta***ğlis***u*	تَجْلِسُ du sitzt	*ta*$\mathbf{R_1R_2}$**i**$\mathbf{R_3}$*ūna* *ta***ğlis***ūna*	تَجْلِسُونَ ihr sitzt
2. f.	*ta*$\mathbf{R_1R_2}$**i**$\mathbf{R_3}$*īna* *ta***ğlis***īna*	تَجْلِسِينَ du sitzt	*ta*$\mathbf{R_1R_2}$**i**$\mathbf{R_3}$*na* *ta***ğlis***na*	تَجْلِسْنَ ihr sitzt
3. m.	*ya*$\mathbf{R_1R_2}$**i**$\mathbf{R_3}$*u* *ya***ğlis***u*	يَجْلِسُ er sitzt	*ya*$\mathbf{R_1R_2}$**i**$\mathbf{R_3}$*ūna* *ya***ğlis***ūna*	يَجْلِسُونَ sie sitzen
3. f.	*ta*$\mathbf{R_1R_2}$**i**$\mathbf{R_3}$*u* *ta***ğlis***u*	تَجْلِسُ sie sitzt	*ya*$\mathbf{R_1R_2}$**i**$\mathbf{R_3}$*na* *ya***ğlis***na*	يَجْلِسْنَ sie sitzen

Es sei hier nochmals daran erinnert, daß wenn einem Konsonanten ein- und derselbe Konsonant ohne Zwischenvokal folgt, er grundsätzlich nur einmal mit dem Konsonantenverdoppelungszeichen *šadda* (ـّ) geschrieben wird (s. S. 42 (L 2, S 3c)). Dies gilt auch dann, wenn eine Endung mit einem Konsonanten beginnt und ohne Zwischenvokal an einen Stamm mit identischem dritten Radikal (R_3) angehängt wird. Außerdem werden bei Verben, die mit einem ا (*alif*) als erstem Radikal (R_1) beginnen, in der 1. Person Singular Präsens die beiden ا (*alif*) von Präfix und Stamm zu einem *alif* mit *madda* (آ) verschmolzen (s. S. 55 (L 3, S 2e)).

b) Grundregeln für das Präsens in den erweiterten Stämmen, im Passiv und bei den meisten schwachen Verben

Auch in den erweiterten Stämmen, im Passiv und bei den meisten schwachen Verben wird das Präsens in analoger Weise durchkonjugiert. Zwar hat das Präsens zu jedem Stamm und jedem Typ von schwachen Verben seine eigene spezifische Struktur, aber die Präfixe sind immer die gleichen und die Endungen in aller Regel auch (außer bei einigen wenigen Gruppen von schwachen Verben).
Dies bedeutet, daß man auch ohne die Kenntnis der erweiterten Stämme und der schwachen Wurzeln im einzelnen nahezu jedes Verb im Präsens durchkonjugieren kann, wenn man nur die Grundform des Präsens (3. Person Maskulinum Singular) dieses Verbs kennt. Man ersetze zur Bildung einer bestimmten Form nur das Präfix der 3. Person Maskulinum Singular durch das entsprechende der gewünschten Form und füge eventuell noch das ihr zugehörige Suffix an. Der

Rest vom Verb bleibt durch alle Formen hindurch unverändert erhalten. Allerdings beachte man dabei, daß der Vokal des Präfix durch alle Formen hindurch erhalten bleibt.

Hierbei sollte noch beachtet werden, daß bei den Verben, deren Grundform für das Präsens (Imperfekt) einen langen Vokal in der letzten Stammessilbe aufweist, die Formen ohne Endung und die mit einer konsonantisch beginnenden eine Verküzung dieses Langvokals aufweisen.

Erweiterte Formen [reisen – سَافَرَ (يُسَافِرُ)]				
	Singular		**Plural**	
Person	**Schema**	**Form**	**Schema**	**Form**
1.	*›*[**Rumpf**]*u*	أُسَافِرُ	*n*[**Rumpf**]*u*	نُسَافِرُ
	*›***usāfir***u*	ich reise	*n***usāfir***u*	wir reisen
2. m.	*t*[**Rumpf**]*u*	تُسَافِرُ	*t*[**Rumpf**]*ūna*	تُسَافِرُونَ
	*t***usāfir***u*	du reist	*t***usāfir***ūna*	ihr reist
2. f.	*t*[**Rumpf**]*īna*	تُسَافِرِينَ	*t*[**Rumpf *a***]*na*	تُسَافِرْنَ
	*t***usāfir***īna*	du reist	*t***usāfir***na*	ihr reist
3. m.	*y*[**Rumpf**]*u*	يُسَافِرُ	*y*[**Rumpf**]*ūna*	يُسَافِرُونَ
	*y***usāfir***u*	er reist	*y***usāfir***ūna*	sie reisen
3. f.	*t*[**Rumpf**]*u*	تُسَافِرُ	*y*[**Rumpf *a***]*na*	يُسَافِرْنَ
	*t***usāfir***u*	sie reist	*y***usāfir***na*	sie reisen

G 3) Bereits bekannte Verben aus den vorherigen Lektionen

Verben werden, wie schon erwähnt, normalerweise in der 3. Person Maskulinum Singular Perfekt angegeben, da diese Form keine Präfixe oder Suffixe enthält. Zusätzlich wird im Grundstamm, aber wie in diesem Buch oft auch in den erweiterten Stämmen die 3. Person Maskulinum Singular Präsens angegeben.

Zum besseren Überblick sollen deswegen nochmals hier alle Verben, die in den vorherigen Lektionen erlernt wurden und nach den oben genannten Schemen behandelt werden können, nochmals in vollständiger Form angegeben werden.

essen	*akala* [*ya›kulu*] (+ Akk.)	أَكَلَ [يَأْكُلُ] (هـ)
lieben, mögen	*aḥabba* [*yuḥibbu*] (+ Akk.)	أَحَبَّ [يُحِبُّ] (هـ/هـ)
lernen; studieren	*darasa* [*yadrusu*] (+ Akk.)	دَرَسَ [يَدْرُسُ] (هـ)
gehen; fortgehen, dahingehen	*ḏahaba* [*yaḏhabu*] (*ilā*)	ذَهَبَ [يَذْهَبُ] (إِلَى)
schicken, senden	*arsala* [*yursilu*] (+ Akk., *ilā*)	أَرْسَلَ [يُرْسِلُ] (هـ/هـ إِلَى)
malen, zeichnen	*rasama* [*yarsumu*] (+ Akk.)	رَسَمَ [يَرْسُمُ] (هـ/هـ)
fragen nach	*sa›a la* [*yas›alu*] (+ Akk., *‹an*)	سَأَلَ [يَسْأَلُ] (هـ/هـ عَن)
fahren; reisen	*sāfara* [*yusāfiru*]	سَافَرَ [يُسَافِرُ]
wohnen; sich beruhigen	*sakana* [*yaskunu*] (*fī*)	سَكَنَ [يَسْكُنُ] (فِي)
trinken	*šariba* [*yašrabu*] (+ Akk.)	شَرِبَ [يَشْرَبُ] (هـ)
in den Morgen eintreten; erwachen	*aṣbaḥa* [*yuṣbiḥu*]	أَصْبَحَ [يُصْبِحُ]
wissen; kennen	*‹arafa* [*ya‹rifu*] (+ Akk.)	عَرَفَ [يَعْرِفُ] (هـ/هـ)
arbeiten; machen, tun	*‹amila* [*ya‹malu*] (+ Akk.)	عَمِلَ [يَعْمَلُ] (هـ)
machen, tun	*fa‹ala* [*yaf‹alu*] (+ Akk.)	فَعَلَ [يَفْعَلُ] (هـ)
treffen, begegnen	*qābala* [*yuqābilu*] (+ Akk.)	قَابَلَ [يُقَابِلُ] (هـ/هـ)
schreiben	*kataba* [*yaktubu*] (+ Akk.)	كَتَبَ [يَكْتُبُ] (هـ)

G 4) Der Verbalsatz

Im Gegensatz zum Nominalsatz besitzt ein *Verbalsatz* grundsätzlich ein Verb als zentrales Element der Satzaussage. Der minimale Verbalsatz besteht dabei lediglich aus einem Verb ohne weitere Ergänzung. Dieses Verb beinhaltet zugleich das Subjekt, das durch die jeweilige Verbform impliziert wird, während ein eventuell hinzugefügtes Personalpronomen lediglich betonenden Charakter hat, aber nicht notwendig ist. Gesetzte Personalpronomina stehen immer vor dem Verb.

Die einzelnen Satzteile können in der arabischen Sprache nahezu beliebig angeordnet werden. Lediglich attributive Satzelemente (Ergänzungen zu Substantiven) sollten nicht in sinnentstellender Weise von ihrem Bezugswort getrennt werden. Trotz dieser theoretischen Beliebigkeit in der Satzanordnung werden jedoch in der Regel bestimmte Grundschemata bevorzugt (wie z.B. auch im Lateinischen und Alt-Griechischen).

Die reguläre Reihenfolge in einem Verbalsatz lautet: *Verb – Subjekt – Objekt – Adverbiale*, wobei nicht alle Stellen besetzt sein müssen. Diese Reihenfolge wird in der Regel auch im Fragesatz beibehalten, so daß hinter dem Fragepronomen das Verb zu folgen pflegt.

تَدْرُسُ مُنَى اللُّغَةَ الأَلْمَانِيَّةَ فِي الْجَامِعَةِ.

Tadrusu [Prädikat (Verb)] *Munā* [Subjekt]
al-luġa l-almāniyya [Objekt] *fī l-ǧāmiʿa* [Adverbiale].
Es studiert [*Prädikat (Verb)*] Mona [*Subjekt*]
die deutsche Sprache [*Objekt*] an der Universität [*Adverbiale*].

Auch besteht die vor allem in Nebensätzen verwendete Möglichkeit, das Subjekt dem Verb voranzustellen: *Subjekt – Verb – Objekt*.

مُنَى تَدْرُسُ اللُّغَةَ الأَلْمَانِيَّةَ فِي الْجَامِعَةِ.

Munā [Subjekt] *tadrusu* [Prädikat (Verb)]
al-luġa l-almāniyya [Objekt] *fī l-ǧāmiʿa* [Adverbiale].

Mona [*Subjekt*] studiert [*Prädikat (Verb)*]
die deutsche Sprache [*Objekt*] an der Universität [*Adverbiale*].

Grundsätzlich kann aber – wie schon erwähnt – die Reihenfolge auch abgeändert werden. Insbesondere können betonte Satzelemente an den Anfang oder das Ende des Satzes gestellt werden. Attributive Elemente (Ergänzungen zu Substantiven) stehen in der Regel nach ihrem Bezugswort.

الْجَوّ فِي عَمَّان حَارّ جِدًّا فِي الصَّيْف.

Al-ǧaww [Subjekt] *fī ʿAmmān* [Attribut]
ḥārr ǧiddan [Prädikat] *fī ṣ-ṣayf* [Adverbiale].

(Das Wetter [*Subjekt*] in Amman [*Attribut zum Subjekt – keine Adverbiale!**]
ist sehr heiß [*Prädikat – Hilfverb mit Prädikatsnomen*] im Sommer [*Adverbiale*].)

* Hierbei handelt es sich um eine nähere Bestimmung des Subjektes und nicht um eine der Satzhandlung. Daher liegt in diesem präpositionalen Ausdruck keine adverbiale Ergänzung zum Prädikat, sondern eine attributive zum Subjekt vor.

G 5) Die unpersönliche Verwandung der 3. Person Maskulinum Plural

Die Formen der 3. Person Maskulinum Plural werden in der arabischen Sprache auch für unpersönliche Ausdrücke im Sinne des deutschen „man" benutzt. So bedeutet *yaktubūna* – يَكْتُبُونَ nicht nur „sie (m.) schreiben", sondern auch „man schreibt".

Vokabeln – الْمُفْرَدَات

Wörter aus dem Grammatikteil (G 1a und G 3) werden hier nicht gesondert aufgeführt!

Herrscher	*ḥākim*; Pl.: *ḥukkām*	حَاكِم؛ ج.: حُكَّام
Amman	*‹Ammān* (f.)	عَمَّان (م)
Hauptstadt	*‹āṣima*; Pl.: *‹awāṣim*	عَاصِمَة؛ ج.: عَوَاصِم
fallen *Präs.*: liegen, gelegen sein	*waqa‹a* [*yaqa‹u*]	وَقَعَ [يَقَعُ]
Asien	*Āsyā*	آسْيَا
Wetter; Atmosphäre	*ğaww*; Pl.: *ağwā›*	جَوّ؛ ج.: أَجْوَاء
heiß; scharf	*ḥārr*	حَارّ
sehr	*ğiddan*	جِدًّا
Sommer	*ṣayf*	صَيْف
mild [Wetter]	*mu‹tadil*	مُعْتَدِل
Winter; Regenzeit	*šitā›*	شِتَاء
sprechen (mit)	*taḥaddaṯa* [*yataḥaddaṯu*] (*ma‹a*)	تَحَدَّثَ [يَتَحَدَّثُ] مَعَ
Sprache	*luġa*	لُغَة
französisch; Franzose	*faransiyy*	فَرَنْسِيّ
Petra [Stätte in Jordanien]	*Bītrā*	بِيتْرَا
Gesetz; Recht; Jura; Zither	*qānūn*; Pl. *qawānīn*	قَانُون؛ ج.: قَوَانِين
befreundet; Freund	*ṣadīq*; Pl.: *aṣdiqā›*	صَدِيق؛ ج.: أَصْدِقَاء

Gespräch; Hadith [Überlieferung von Taten und Aussprüchen Muhammads und seiner Gefährten: „Sunna“]; modern	*ḥadīṯ*; Pl.: *aḥādīṯ*	حَدِيث؛ ج.: أَحَادِيث
lesen; vortragen	*qara›a [yaqra›u]* (+ Akk.)	قَرَأَ [يَقْرَأُ] (هـ)
Roman; Überlieferung	*riwāya*	رِوَايَة
neu	*ğadīd*; Pl.: *ğudud*	جَدِيد؛ ج.: جُدُد
Gasse	*zuqāq*; Pl.: *aziqqa*	زُقَاق؛ ج.: أَزِقَّة
Geschichte, Erzählung	*qiṣṣa*; Pl.: *qiṣaṣ*	قِصَّة؛ ج.: قِصَص
ausgezeichnet	*mumtāz*	مُمْتَاز
suchen, erörtern	*baḥaṯa [yabḥaṯu]* (‹*an* + Akk.)	بَحَثَ [يَبْحَثُ] عَن هـ/ه
Prüfung	*imtiḥān*; Pl.: *imtiḥānāt*	إمْتِحَان؛ ج.: إمْتِحَانَات
dann	*iḏan*	إذًا / إذَنْ
beschäftigt; belegt	*mašġūl*	مَشْغُول
grüße jdn. von mir [m./f.]	*sallimu lī ‹alā / sallimī lī ‹alā*	سَلِّمْ لِي عَلَى / سَلِّمِي لِي عَلَى
der nächste Tag, der morgige Tag	*ġad / al-ġad*	غَد / الْغَد
sitzen; sich setzen	*ğalasa [yağlisu]* (‹*alā*)	جَلَسَ [يَجْلِسُ] (عَلَى)
Großmutter	*ğadda*	جَدَّة
Platz; Stelle; Ort	*makān*; Pl.: *amākin / amkina*	مَكَان؛ ج.: أَمَاكِن / أَمْكِنَة
Herz	*qalb*; Pl.: *qulūb*	قَلْب؛ ج.: قُلُوب
Jerusalem	*al-Quds*	الْقُدْس
fleißig	*našīṭ*; Pl.: *nušaṭā›*	نَشِيط؛ ج.: نُشَطَاء

Marokko, Maghreb	*al-Maġrib*	الْمَغْرِب
Tee	*šāy*	شَاي

Übungen – تَمَارِين

Ü 1) Schreiben Sie die folgenden Buchstaben nach!

b	a	
ققق:	ضض:	1
زقغ:	ططط:	2
غزظ:	ظظظ:	3
ظغز:	غغغ:	4

Ü 2) Ordnen Sie die arabischen Buchstaben ihrer jeweiligen Transkription zu!

ẓ	*ṭ*	*q*	*ġ*	*ḍ*	*z*

ض	غ	ظ	ز	ط	ق

Ü 3) Lesen Sie, und schreiben Sie ab!

e	d	c	b	a	
مَا	لِي	ظَي	طِي	قُو	1
غَبِي	غَيْب	غَابَ	قَسَا	بَهَا	2
هَيَّا	هُنَاك	هُنَا	هَدِيَّة	هَلْهَلَ	3
تَاتِي	تُوتُو	فَانْتَا	قَلِق	هَرَبَ	4
زَيّ	لاَذَ	مَزَاج	زَيْن	رَزِين	5
رَاغ	غَزَى	رُزَّة	غَيْرِي	بَلَع	6

غَرْبِيّ	زُول	هِزَار	هَزَّهُ	طَرَبَ	7
عَسَّل	طَمَر	غَلَط	زَرَط	غَطْس	8
مَطَر	زَوَر	هَادِي	شَاغِر	شَطَرَ	9
نَغَم	ظَلَم	مَهَر	غُمِرَ	لَدَغَ	10
إِذَاعَة	زَيْتُون	بَطَّة	غَبْطَة	مَهْدِيّ	11
وَخْزَة	هَلَكَ	صُدَاع	جَمَاعَة	زِرَاعَة	12
طَنَاش	مَلْط	غَالِي	سَطْر	وَكْزَة	13
خَالَطَ	شَاطِي	صَابِر	رَوْعَة	دِبَاغَة	14
نَبْض	زَنَب	غَرَق	طَمَع	رَغْدَة	15
ظَرْف	يَغْطُون	جَمْرَة	ظَرْف	ظَهَر	16
الْوَجْد	الْوَيْل	مُصَادَفَة	جَوْهَر	سَمْسَار	17
التَّمْر	الْمَلَل	الْغُبَار	الْوَسِيط	الْوَرَع	18
الْمَجَال	النَّكْبَة	الصِّيَاعَة	الصِّبَاغَة	الْمُرُور	19
وَاصِل	زَائِغ	هَيْمَنَة	شَامِل	شَاطِر	20
أَنْغَام	صَائِم	مَاهِر	غَرِيب	لَيِّن	21
الْمُجْلَد	الْكَرَز	الْبَصَلَة	الزَّمَان	الْمَكَانَيْن	22
السُّودَان	الْغَوْر	الصَّمْغ	أَسْمَر	اللَّوْن	23
مِصْر	لِيبْيَا	سُورِيّ	لُبْنَانِيُّون	الْغُرَب	24
الإِمَارَات	دُبَي	الْيَمَن	الْجَزَائِر	تُونِس	25

Ü 4) Vokalisieren Sie folgende Wörter und Wortformen!

d	c	b	a	
مع الدكتور	عند المعلم	الطبيب	طبيب	1
مع المريض	عند المكتب	مستشفى	مريضة	2
بالبريد	عند الجامعة	البريد	بريد	3
رسالتي	في البيت	رسالته (sein Brief)	رسالتك (dein (m.) Brief)	4

Ü 5) Lesen Sie die folgenden Sätze, und schreiben Sie sie ab!

1	أسافر مع جدتي إلى لبنان.
2	أدرس القانون في جامعة بغداد.
3	أسكن في وسط مدينة دمشق.
4	تسأل ليلى خالد عن مكان الدرس.
5	أذهب اليوم إلى طبيب القلب.

Ü 6) Schreiben Sie folgende Buchstabenkombinationen in arabischer Schrift!

	a	b	c	d
1	*ṭāliba*	*ġalab*	*zanab*	*qulūb*
2	*ṭullāb*	*ğalaba*	*ziyāra*	*zaynab*
3	*ṭabība*	*ġaniyy*	*madrasa*	*makātib*
4	*ṯaman*	*ḫaraba*	*ṭabībāt*	*maṭraḥ*
5	*ḫaṭīr*	*zaman*	*zanzana*	*ġayru-ka*
6	*ġamġama*	*taṣġīr*	*taġayyīr*	*ẓurūf*

Ü 7) Setzen Sie die folgenden Wörter in ihre richtige alphabetische Reihenfolge!

مَلِك – أُخْت – بَيْت – كِتَاب – مُعَلِّم – أَخ	**1**
طَبِيب – مَدِينَة – أَلْمَانْيَا – اِسْم – مَدْرَسَة – كَاتِب – جَامِع	**2**
مُدَرِّس – دِمَشْق – جَامِعَة – هُنَا – خَيْر – سَلَام – صَبَاح	**3**
طَبِيب – مَدِينَة – أَلْمَانْيَا – اِسْم – مَدْرَسَة – كَاتِب – جَامِع	**4**

Ü 8) Geben Sie einige Beispiele für Sonnen- und Mondbuchstaben entsprechend den vorgegebenen Gruppen!

	Wort ohne Artikel	Wort mit Artikel
s-Laute		
t-Laute		
linarā		

Mondbuchstaben		

Ü 9) Übersetzen Sie die folgenden Sätze ins Arabische!

1	Der Name der Stadt ist Jerusalem.
2	Karl studiert an der Universität Tunis.
3	Wie ist das Wetter in Deutschland?
4	In Konstanz gibt es ein Kino und eine große Bibliothek an der Universität.
5	Ich bin Arzt im Krankenhaus.
6	Sie schreibt ihrer Freundin Mona im Sudan einen Brief.

7	Ich schreibe ein Buch über (*‹an*) meine Stadt Amman.
8	Laila ist sehr aktiv in der Schule.
9	Bis dann in Damaskus, Laila.
10	Wie heißt der Autor des Romans?
11	Ich lese einen Roman von Nagib Mahfuz.
12	Ich bin heute beschäftigt.
13	Wie ist die Geschichte?
14	Was machst du jetzt in der Stadt?
15	Ich suche meine Schwester Mona.
16	Ich lerne für die Prüfung in der Schule.

Ü 10) Schreiben Sie ein paar Zeilen über Ihre Stadt! Benutzen Sie hierbei für unbekannte Begriffe ein deutsch-arabisches Wörterbuch!

إِسْم مَدِينَتِي

Ü 11) Beantworten Sie die folgenden Fragen zum Text 1!

1	مَن هُوَ الْمَلِك؟ (مَا اسْمُهُ؟)
2	هَل هُوَ مَلِك الْمَغْرِب؟
3	أَيْنَ يَسْكُنُ؟
4	أَيْنَ يَقَعُ الأُرْدُن؟
5	كَيْفَ الْجَوّ فِي عَمَّان فِي الصَّيْف؟
6	كَيْفَ الْجَوّ فِي عَمَّان فِي الشِّتَاء؟
7	مَن سُلَيْمَان؟

8	أَيْنَ يَعْمَلُ؟
9	مَن مُنَى؟
10	هَل هِيَ صَدِيقَة سُلَيْمَان؟
11	إِلَى أَيْنَ يَذْهَبُ سُلَيْمَان؟
12	مَاذَا يَفْعَلُ فِي الصَّبَاح؟
13	مَاذَا يَفْعَلُ فِي الْمَسَاء؟
14	مَاذَا يُوجَدُ فِي عَمَّان؟

Ü 12) Konjugieren Sie die folgenden Verben!

	يَرْسُمُ	يَجْلِسُ	يَذْهَبُ	يَعْرِفُ	يَشْرَبُ
أَنَا					
أَنْتَ					
أَنْتِ					
هُوَ					
هِيَ					
نَحْنُ					
أَنْتُم					
أَنْتُنَّ					
هُم					
هُنَّ					

يُحِبُّ	يَأْكُلُ	يُقَابِلُ	يُصْبِحُ	يُرْسِلُ	
					أَنَا
					أَنْتَ
					أَنْتِ
					هُوَ
					هِيَ
					نَحْنُ
					أَنْتُم
[تُحْبِبْنَ]*					أَنْتُنَّ
					هُم
[يَحْبِبْنَ]*					هُنَّ

* *Bei diesen beiden Formen kommen noch zusätzliche lautgesetzliche Regeln zur Anwendung, die noch nicht behandelt wurden.*

Ü 13) Übernehmen Sie die Rolle des Dolmetschers!

1	Mustafa:	*Alū, man anta?*
	Dolmetscher:	
2	Layla:	Hallo, ich bin Laila.
	Dolmetscher:	
3	Mustafa:	*Māḏā ta‹malīna hunā fi l-maktaba?*
	Dolmetscher:	
4	Layla:	Ich lerne hier die arabische Sprache.
	Dolmetscher:	
5	Mustafa:	*Ilā ayna taḏhabīna?*
	Dolmetscher:	
6	Layla:	Ich gehe ins Krankenhaus, und heute abend gehe ich ins Kino.
	Dolmetscher	

7	Mustafa:	*Sālām li-zawǧiki wa ummiki fi l-bayt.*
	Dolmetscher:	
8	Layla:	Bis dann.
	Dolmetscher:	

Ü 14) Erzählen Sie, was Sie heute vorhaben! Benutzen Sie hierbei für unbekannte Begriffe ein deutsch-arabisches Wörterbuch!

Ü 15) Entwicklen Sie anhand des folgenden Schemas einen Dialog! Benutzen Sie hierbei für unbekannte Begriffe ein deutsch-arabisches Wörterbuch!

1	Sie treffen Ihre Schwester. Gegenseitige Begrüßung und Frage nach Wohlbefinden.
2	Ihre Schwester möchte mit Ihnen nach Syrien reisen, um die arabische Sprache zu erlernen.
3	Sie bejahen höflich.
4	Ihre Schwester fragt, ob Sie etwas trinken möchten.
5	Sie wollen eine Tasse Tee trinken.
6	Ihre Schwester bedient Sie.

7	Sie finden den Tee gut und danken ihr.
8	Sie sagt Ihnen, daß Syrien ein schönes Land ist.
9	Sie besprechen die Reiseroute nach Syrien.
10	Sie verabschieden sich.

Lektion 6 – الدَّرْس السَّادِس

Texte – نُصُوص

Text 1:
Im Zimmer – فِي الْغُرْفَة

1	سَمِير:	صَبَاح الْخَيْر، يَا مُنَى.
2	مُنَى:	صَبَاح النُّور، يَا سَمِير.
3	سَمِير:	كَيْفَ الْحَال؟
4	مُنَى:	تَمَام، الْحَمْدُ لله.
5	سَمِير:	كَيْفَ غُرْفَتُكِ؟
6	مُنَى:	غُرْفَتِي كَبِيرَة وَمُرِيحَة وَقَرِيبَة مِن الشَّرِكَة.
7	سَمِير:	مَاذَا يُوجَدُ فِيهَا؟
8	مُنَى:	يُوجَدُ فِيهَا مَكْتَب وَشُبَّاك كَبِير وَبَاب وَمِصْبَاح.
9	سَمِير:	هَل فِي الْغُرْفَة مَطْبَخ صَغِير وَطَاوِلَة وَكُرْسِي؟
10	مُنَى:	لاَ يُوجَدُ فِيهَا مَطْبَخ، لَكِن فِيهَا طَاوِلَة وَكُرْسِي.
11	سَمِير:	هَل فِي الْغُرْفَة حَمَّام؟
12	مُنَى:	نَعَم، لَكِن الْحَمَّام صَغِير.
13	سَمِير:	شُكرًا، يَا مُنَى. هَل عِنْدَكُم غُرْفَة لِي فِي شَقَّتِكُم الْجَمِيلَة هَذِهِ؟

Text 2:
Ein Telefongespräch – مُكَالَمَة تِلِفُونِيَّة

1	مَنَال:	أَلُو ... أنَا مَنَال ... أَيْنَ أَنْتَ الآن، يَا مُنِير؟
2	مُنِير:	أنا الآن بِمَدِينَة القَاهِرَة بِمِصْر. أَبْحَثُ عَن سَكَن.
3	مَنَال:	صَدِيقَتِي نُورَا مَعِي الآن. هِيَ تُرِيدُ مِنْكَ خِدْمَة.

4	مُنِير:	إن شَاءَ الله خَيْر.
5	مَنَال:	نُورَا تُرِيدُ أَن تَتَعَلَّمَ اللُّغَة الْعَرَبِيَّة عَبْرَ الْعَمَل فِي بَلَد عَرَبِيّ.
6	مُنِير:	إِلَى أَيْنَ سَتُسَافِرُ؟
7	مَنَال:	هِيَ لاَ تَعْرِفُ.
8	مُنِير:	مِصْر بَلَد جَمِيل وَالْقَاهِرَة مَدِينَة قَدِيمَة وَعَرِيقَة.
9	مَنَال:	نُورَا تُرِيدُ أَن تَتَكَلَّمَ مَعَكَ.
10	مُنِير:	بِكُلّ سُرُور.
11	نُورَا:	أَهْلاً، يَا مُنِير.
12	مُنِير:	أَهْلاً، يَا نُورَا.
13	نُورَا:	عِنْدِي سُؤَال.
14	مُنِير:	تَفَضَّلِي.
15	نُورَا:	هَل يُوجَدُ عَمَل لِلطُّلاَّب فِي الْقَاهِرَة؟
16	مُنِير:	نَعَم، الْعَمَل مَوْجُود، وَالسَّكَن أَيْضًا. يُمْكِنُ أَن تَسْكُنِي مَعَ أُسْرَة مِصْرِيَّة، فِي فُنْدُق أَوْ فِي بَيْت بَسِيط وَبِسِعْر غَيْر غَالٍ.
17	نُورَا:	أَيْنَ تَدْرُسُ؟
18	مُنِير:	أَدْرُسُ اللُّغَة الْعَرَبِيَّة فِي جَامِعَة الأَزْهَر. إِذَن، مَاذَا تَقُولِينَ، يَا نُورَا؟
19	نُورَا:	هَذَا شَيْء جَمِيل. سَأُفَكِّرُ فِي الْمَوْضُوع.
20	مُنِير:	إِذَن إِلَى اللِّقَاء.

Text 3:
Wo arbeitest du? – أَيْنَ تَعْمَلُ؟

1	كَمَال:	نَهَارُكَ سَعِيد، يَا جَمَال.
2	جَمَال:	نَهَارُكَ سَعِيد، يَا كَمَال.
3	كَمَال:	كَيْفَ الْعَمَل؟
4	جَمَال:	مُش بَطَّال.
5	كَمَال:	أَيْنَ تَعْمَلُ؟

فِي شَرِكَة عَرَبِيَّة بِبُون.	جَمَال:	6
هَل تَدْرُسُ اللُّغَة الألْمَانِيَّة فِي مَعْهَد جُوتَه؟	كَمَال:	7
نَعَم، أَدْرُسُ اللُّغَة الألْمَانِيَّة.	جَمَال:	8
هَل تَتَكَلَّمُ اللُّغَة الْعَرَبِيَّة فِي الْعَمَل؟	كَمَال:	9
لاَ، أَتَكَلَّمُ اللُّغَة الإنْجِلِيزِيَّة مَعَ زَمِيلِي.	جَمَال:	10
هَل تَعْمَلُونَ مَعَ بَلَد عَرَبِيّ؟	كَمَال:	11
نَعَم، نَعْمَلُ مَعَ الْكُوَيْت وَمِصْر وَالْيَمَن وَالْعِرَاق وَلِيبْيَا وَتُونِس والْمَمْلَكَة الْمَغْرِبِيَّة.	جَمَال:	12
يَا سَلاَم. هَذَا شَيء عَظِيم.	كَمَال:	13

Grammatik – الْقَوَاعِد

G 1) Präpositionen mit Personalsuffixen

a) Die regelmäßige Verwendung der Personalsuffixe

Die arabische Sprache kennt wie gesagt nur für den Nominativ eigenständige Personalpronomina (s. S. 26 (L 1, G 6)). Für alle anderen *Kasus* (Fälle) müssen in der arabischen Sprache andere Konstruktionen benutzt werden. Dazu gehört auch die Entsprechung für die in den indoeuropäischen Sprachen übliche Verbindung einer Präposition mit einem Personalpronomen. Dies geschieht in der arabischen Sprache durch das Anhängen von *Personalsuffixen*, die in Schriftbild und Sprache direkt an die Präposition angehängt werden. Diese Personalsuffixe sind dabei identisch mit den Possessivsuffixen (s. S. 79 (L 4, G 3)). Genauer genommen kann man die Possessivsuffixe als Personalsuffixe in Funktion eines Genitivs zum Bezugswort beschreiben.

Bei der Formbildung muß dabei beachtet werden, daß der Endvokal der Präposition auch als Bindevokal zum Anhängen der Personalsuffixe dient. Lediglich beim Suffix der 1. Person Singular (*-ī* / ي) entfällt ein davorstehender Kurzvokal ersatzlos. Die Endung der 3. Person Maskulinum Singular wird nach direkt vorangehendem *i*-Laut (*-i*, *-ī*, *-ay*) zu ـهِ (*-hi*) abgewandelt. Endet die

Präposition mit einem vokallosen Konsonanten, so werden die Personalsuffixe ohne Bindevokal angehängt. Dabei muß im Bedarfsfall bei der Schreibung die Regel für den Zusammenfall von zwei identischen Konsonanten ohne Zwischenvokal beachtet werden (s. S. 42 (L 2, S 3c)).

	bi- **– بِـ** **(in, mit)**	***‹inda*** **– عِنْدَ** **(bei)**	***ma‹a*** **– مَعَ** **(mit)**
1. Sg.	*bī* – بِي (in mir)	*‹indī* – عِنْدِي (bei mir)	*ma‹ī* – مَعِي (mit mir)
2. m. Sg.	*bika* – بِكَ (in dir (m.))	*‹indaka* – عِنْدَكَ (bei dir (m.))	*ma‹aka* – مَعَكَ (mit dir (m.))
2. f. Sg.	*biki* – بِكِ (in dir (f.))	*‹indaki* – عِنْدَكِ (bei dir (f.))	*ma‹aki* – مَعَكِ (mit dir (f.))
3. m. Sg.	*bihi* – بِهِ (in ihm)	*‹indahu* – عِنْدَهُ (bei ihm)	*ma‹ahu* – مَعَهُ (mit ihm)
3. f. Sg.	*bihā* – بِهَا (in ihr)	*‹indahā* – عِنْدَهَا (bei ihr)	*ma‹ahā* – مَعَهَا (mit ihr)
1. Pl.	*binā* – بِنَا (in uns)	*‹indanā* – عِنْدَنَا (bei uns)	*ma‹anā* – مَعَنَا (mit uns)
2. m. Pl.	*bikum* – بِكُم (in euch (m.))	*‹indakum* – عِنْدَكُم (bei euch (m.))	*ma‹akum* – مَعَكُم (mit euch (m.))
2. f. Pl.	*bikunna* – بِكُنَّ (in euch (f.))	*‹indakunna* – عِنْدَكُنَّ (bei euch (f.))	*ma‹akunna* – مَعَكُنَّ (mit euch (f.))
3. m. Pl.	*bihim* – بِهِم (in ihnen (m.))	*‹indahum* – عِنْدَهُم (bei ihnen (m.))	*ma‹ahum* – مَعَهُم (mit ihnen (m.))
3. f. Pl.	*bihinna* – بِهِنَّ (in ihnen (f.))	*‹indahunna* – عِنْدَهُنَّ (bei ihnen (f.))	*ma‹ahunna* – مَعَهُنَّ (mit ihnen (f.))

b) Unregelmäßige Formbildungen

Einige Präpositionen weisen in Verbindung mit Personalsuffixen gewisse Besonderheiten auf:

- *ilā* – إِلَى (bis, zu, nach) und *‹alā* – عَلَى (auf; an, bei; in) nehmen vor sämtlichen Suffixen die Formen *ilay-* – إِلَيْ bzw. *‹alay-* – عَلَيْ an.
- *li-* – لِ (für, zu) verwendet für alle konsonantischen Suffixe ein *fatḥa* (َ) als Bindevokal.
- Bei *min* – مِن (von, aus; nach; über; durch) wird zur Anfügung des Personalsuffixes der 1. Person Singular das ن (*nūn*) verdoppelt (*redupliziert*).

	***‹alā* – عَلَى** **(auf; an, bei; in)**	***li-* – لِ** **(für, zu)**	***min* – مِن** **(von, aus)**
1. Sg.	*‹alayya* – عَلَيَّ (auf mir)	*lī* – لِي (für mich)	*minnī* – مِنِّي (von mir)
2. m. Sg.	*‹alayka* – عَلَيْكَ (auf dir (m.))	*laka* – لَكَ (für dich (m.))	*minka* – مِنْكَ (von dir (m.))
2. f. Sg.	*‹alayki* – عَلَيْكِ (auf dir (f.))	*laki* – لَكِ (für dich (f.))	*minki* – مِنْكِ (von dir (f.))
3. m. Sg.	*‹alayhi* – عَلَيْهِ (auf ihm)	*lahu* – لَهُ (für ihn)	*minhu* – مِنْهُ (von ihm)
3. f. Sg.	*‹alayhā* – عَلَيْهَا (auf ihr)	*lahā* – لَهَا (für sie)	*minhā* – مِنْهَا (von ihr)
1. Pl.	*‹alaynā* – عَلَيْنَا (auf uns)	*lanā* – لَنَا (für uns)	*minnā* – مِنَّا (von uns)
2. m. Pl.	*‹alaykum* – عَلَيْكُم (auf euch (m.))	*lakum* – لَكُم (für euch (m.))	*minkum* – مِنْكُم (von euch (m.))
2. f. Pl.	*‹alaykunna* – عَلَيْكُنَّ (auf euch (f.))	*lakunna* – لَكُنَّ (für euch (f.))	*minkunna* – مِنْكُنَّ (von euch (f.))

3. m. Pl.	*‹alayhim* – عَلَيْهِم (auf ihnen (m.))	*lahum* – لَهُم (für sie (m.))	*minhum* – مِنْهُم (von ihnen (m.))
3. f. Pl.	*‹alayhinna* – عَلَيْهِنَّ (auf ihnen (f.))	*lahunna* – لَهُنَّ (für sie (f.))	*minhunna* – مِنْهُنَّ (von ihnen (f.))

c) Ausdrücke des Besitzverhältnisses

Mittels der Präpositionen *‹inda* – عَنْدَ, *li-* – لِ und *ma‹a* – مَعَ in Verbindung mit einem Personalsuffix werden in der arabischen Sprache auch Besitzverhältnisse ausgedrückt, d.h. sie entsprechen dem deutschen Wort *haben*. Diese Formen stehen dabei immer im Kontext eines Nominalsatzes. Am besten läßt sich dies mit der lateinischen Konstruktion *mihi liber est* (*mir ist ein Buch = ich habe ein Buch*) vergleichen. Welche der Präpositionen jeweils bevorzugt verwendet wird, hängt vom Zusammenhang ab. Aus sprachstatistischer Sicht wird die Präposition *‹inda* – عَنْدَ am häufigsten benutzt; *ma‹a* – مَعَ wird nur in Zusammenhang mit mobilen bzw. transportablen, aber praktisch niemals mit immobilen Gegenständen benutzt.

Schließlich sollte noch beachtet werden, daß entgegen der gängigen deutschen Übersetzung grundsätzlich der Gegenstand des Besitzes das formale Subjekt (Ausübender der Satzhandlung) ist, weswegen sich eventuelle Verbalformen (s. S. 164 (L 7, G 2)) bezüglich ihrer Kongruenz (grammatikalischen Übereinstimmung) an diesem orientieren.

Präposition	Beispiel	Übersetzung
‹inda – عِنْدَ	*‹Indī kitāb.* – عَنْدِي كِتَاب.	Bei mir ist ein Buch. Ich habe ein Buch.
li- – لِ	*Lahu bayt.* – لَهُ بَيْت	Für ihn ist ein Haus. Er hat ein Haus.
ma‹a – مَعَ (nur für mobile Gegenstände)	*Ma‹ahā qalam.* – مَعَهَا قَلَم	Mit ihr ist ein Stift. Sie hat einen Stift.

G 2) Die Demonstrativpronomina im Singular

Wie die meisten Sprachen kennt auch die arabische zwei verschiedene *Demonstrativpronomina* (hinweisende Fürwörter), nämlich eines für das örtlich bzw. zeitlich Näherliegende und eines für das örtlich bzw. zeitlich Fernerliegende.

Funktion		Form	Übersetzung
örtlich bzw. zeitlich	m. Sg.	*hāḏā* – هَٰذَا	dieser
Näherliegendes	f. Sg.	*hāḏihi* – هَٰذِهِ	diese
örtlich bzw. zeitlich	m. Sg.	*ḏālika* – ذَٰلِكَ	jener
Fernerliegendes	f. Sg.	*tilka* – تِلْكَ	jene

Bei den Demonstrativpronomina muß beachtet werden, daß die in der Aussprache langen Vokale (*ā*) in der ersten Silbe aus sprachhistorischen Gründen grundsätzlich nicht als solche, sondern wie Kurzvokale geschrieben werden.
Sie können wie im Deutschen substantivisch und adjektisch verwendet werden. D.h. sie können für sich alleine wie ein Substantiv stehen (vgl.: Der *Gute* wird von Gott geliebt – *Dieser* wird von Gott geliebt). Sie können aber auch wie ein Adjektiv als Bezugswort zu einem Substantiv verwendet werden (vgl.: Der *gute* Mann wird von Gott geliebt – *Dieser* Mann wird von Gott geliebt). Es gelten die allgemeinen Regeln der Kongruenz wie bei Adjektiven (s. S. 83 (L 4, G 4b), S. 190 (L 8, G 2d)).
Im Arabischen gelten die Demonstrativpronomina als determiniert. Dies bedeutet, daß sie niemals mit einem Artikel versehen werden, während bei attributiver Verwendung das Bezugswort immer determiniert sein muß.
Bei adjektivischer Verwendung weisen die Demonstrativpronomina einige Besonderheiten auf. In der Regel stehen sie vor einem mit Artikel determinierten Substantiv. Wird das Bezugswort jedoch mittels eines Possessivsuffixes determiniert, so folgt das Demonstrativpronomen diesem nach. Bei Genitivverbindungen folgt es der Konstruktion, falls es sich auf den erste Wort der Verbindung bezieht. Steht es jedoch in Bezug auf das zweite Wort, so wird es diesem direkt vorangestellt und damit dem ersten Wort nachgestellt. Weist

allerdings das zweite Glied der Genitivverbindung ein Possessivsuffix auf, so steht das Demonstrativpronomen wiederum dahinter.

Beispiel	Übersetzung	Kommentar
هَذَا بَيْت. *Hāḏā bayt.*	Dies ist ein Haus.	Substantivisch m.
هَذِهِ مَدْرَسَة. *Hāḏihi madrasa.*	Dies ist eine Schule.	f.
أَفْعَلُ هَذَا. *Afʿalu hāḏā.*	Ich mache dies.	als Objekt
هَذَا الْبَيْت *Hāḏa l-bayt.*	dieses Haus	Adjektivisch Bezugswort mit Artikel
هَذِهِ الْمَدْرَسَة *Hāḏihi l-madrasa.*	diese Schule	
بَيْتِي هَذَا *Baytī hāḏā*	dieses mein Haus	Bezugswort mit Possessivpronomen
بَاب الْبَيْت هَذَا *Bāb al-bayt hāḏā*	diese Tür des Hauses	Bezugswort erstes Glied einer Genitivverbindung
بَاب هَذَا الْبَيْت *Bāb hāḏa l-bayt*	die Tür dieses Hauses	Bezugswort zweites Glied einer Genitivverbindung
بَاب بَيْتِي هَذَا *Bāb baytī hāḏā*	diese Tür meines Hauses *bzw.* die Tür dieses meines Hauses	Zweites Glied der Genitivverbindung mit Possessivsuffix

G 3) Das Futur

Wie schon erwähnt (s. S. 113 (L 5, G 2)) drückt das Präsens in der arabischen Sprache grundsätzlich jegliche unvollendete Handlung aus und kann damit auch

die Funktion eines *Futurs* (Zeitstufe der Zukunft) übernehmen. Dennoch besitzt das Arabische die Möglichkeit mit Hilfe von bestimmten Partikeln das Futur explizit zu betonen. Diese Partikel werden dabei alle in Verbindung mit den regulären Formen des dazugehörigen Präsens benutzt.
Die eine Partikel lautet *sa-* – سَـ. Sie stellt kein eigenständiges Wort dar, sondern wird als Präfix (Vorsilbe) der jeweils zugehörigen Form des Präsens vorangefügt. Bei der anderen Partikel *sawfa* – سَوْفَ handelt es sich dagegen um ein eigenständiges Wort, das jeweils direkt vor der entsprechenden Präsensform steht.

Präsens	**Futur**	
	mit سَـ	**mit سَوْفَ**
aktubu – أَكْتُبُ ich schreibe	*sa›aktubu* – سَأَكْتُبُ ich werde schreiben	*sawfa aktubu* – سَوْفَ أَكْتُبُ ich werde schreiben
yaktubu – يَكْتُبُ er schreibt	*sayaktubu* – سَيَكْتُبُ er wird schreiben	*sawfa yaktubu* – سَوْفَ يَكْتُبُ er wird schreiben
nusāfiru – نُسَافِرُ wir reisen	*sanusāfiru* – سَنُسَافِرُ wir werden reisen	*sawfa nusāfiru* – سَوْفَ نُسَافِرُ wir werden reisen

G 4) Der Konjunktiv (oder *Subjunktiv*)

Das Präsens kennt auch in der arabischen Sprache mehrere *Modi* (Aussageweisen). Neben der regulären Form des Präsens, dem *Indikativ* (Wirklichkeitsform) gibt es u.a. einen *Konjunktiv* (oder *Subjunktiv*). Dieser hat im Arabischen jedoch keine eigenständige Bedeutung, sondern wird nur durch bestimmte *Konjunktionen* (Bindeworte) oder *Partikeln* bedingt, die lediglich mit Konjunktiv stehen können.
Die Formen des Konjunktiv werden lediglich durch Variation der Suffixe (Endungen) des Präsens Indikativ gebildet. Der Stamm mit den Hilfsvokalen und das Präfix bleiben identisch. Dabei wird bei den Formen mit einem kurzen *u* auf dem dritten Radikal (R_3) dieses in ein kurzes *a* umgewandelt und die Suffixe -*īna* – ِينَ und -*ūna* – ُونَ auf -*ī* – ِي bzw. -*ū* – ُوا gekürzt.

Verben auf *ḍamma* (ـُ) [schreiben – (يَكْتُبُ) كَتَبَ]				
	Singular		Plural	
Person	Schema	Form	Schema	Form
1.	›aR_1R_2uR_3*a* ›**aktub***a*	أَكْتُبَ	naR_1R_2uR_3*a* na**ktub***a*	نَكْتُبَ
2. m.	taR_1R_2uR_3*a* ta**ktub***a*	تَكْتُبَ	taR_1R_2uR_3*ū* ta**ktub***ū*	تَكْتُبُوا
2. f.	taR_1R_2uR_3*ī* ta**ktub***ī*	تَكْتُبِي	taR_1R_2uR_3*na* ta**ktub***na*	تَكْتُبْنَ
3. m.	yaR_1R_2uR_3*a* ya**ktub***a*	يَكْتُبَ	yaR_1R_2uR_3*ū* ya**ktub***ū*	يَكْتُبُوا
3. f.	taR_1R_2uR_3*a* ta**ktub***a*	تَكْتُبَ	yaR_1R_2uR_3*na* ya**ktub***na*	يَكْتُبْنَ

Die Verben des Grundstammes mit anderem Vokal auf dem zweiten Radikal (R_2), die erweiterten Stämme und die meisten unregelmäßigen Verben werden analog behandelt.

Erweiterte Formen [reisen – (يُسَافِرُ) سَافَرَ]				
	Singular		Plural	
Person	Schema	Form	Schema	Form
1.	›**[Rumpf]***a* ›**usāfir***a*	أُسَافِرَ	n**[Rumpf]***a* n**usāfir***a*	نُسَافِرَ
2. m.	t**[Rumpf]***a* t**usāfir***a*	تُسَافِرَ	t**[Rumpf]***ū* t**usāfir***ū*	تُسَافِرُوا
2. f.	t**[Rumpf]***ī* t**usāfir***ī*	تُسَافِرِي	t**[Rumpf *a*]***na* t**usāfir***na*	تُسَافِرْنَ
3. m.	y**[Rumpf]***a* *y***usāfir***a*	يُسَافِرَ	y**[Rumpf]***ū* y**usāfir***ū*	يُسَافِرُوا

3. f.	t**[Rumpf]***a* **tusāfir***a*	تُسَافِرَ	y**[Rumpf *a*]***na* **yusāfir***na*	يُسَافِرْنَ

G 5) Die Negation (Verneinung) im Präsens und Futur

Das Präsens wird durch ein direkt vorangestelltes *lā* – لاَ verneint. Beim mittels *sawfa* – سَوْفَ gebildeten Futur steht die Negation dabei zwischen Futurpartikel und Präsensform. Das Futur auf *sa-* – سَـ kann dagegen nicht mit einer Negation versehen werden.

Handlungen in der Zukunft können auch durch *lan* – لَن mit Konjunktiv verneint werden. In diesem Fall wird der negierende Charakter stark betont, so daß die Form auch als *Prohibitiv*, also der Wunsch des Nichtgeschehens einer Handlung, verstanden werden kann.

Beispiel	Übersetzung	Kommentar
لاَ يَكْتُبُ *lā yaktubu*	er schreibt nicht	Präsens
سَوْفَ لاَ يَكْتُبُ *sawfa lā yaktubu*	er wird nicht schreiben	Futur
لَن يَكْتُبَ *lan yaktuba*	er wird nicht schreiben *bzw.* er soll nicht schreiben	Ersatzverneinung für das Futur

Vokabeln – الْمُفْرَدَات

Wörter aus dem Grammatikteil (G 1, G 2, G 3 und G 5) werden hier nicht gesondert aufgeführt!

Zimmer	*ġurfa*; Pl.: *ġuraf*	غُرْفَة؛ ج.: غُرَف
beruhigend; bequem, gemütlich, komfortabel	*murīḥ*	مُرِيح

nahe; Verwandter	*qarīb*; Pl.: *aqribā›*	قَرِيب؛ ج.: أَقْرِبَاء
nahe bei	*qarīb min*	قَرِيب مِن
Firma, Betrieb	*šarika*	شَرِكَة
Lampe, Laterne	*miṣbāḥ*; Pl.: *maṣābīḥ*	مِصْبَاح؛ ج.: مَصَابِيح
Küche	*maṭbaḫ*; Pl.: *maṭābiḫ*	مَطْبَخ؛ ج.: مَطَابِخ
klein, kurz	*ṣaġīr*; Pl.: *ṣiġār*	صَغِير؛ ج.: صِغَار
Tisch	*ṭāwla*	طَاوْلَة
Stuhl	*kursī*; Pl.: *karāsī*	كُرْسِي؛ ج.: كَرَاسِي
Bad; Badezimmer; Toilette	*ḥammām*; Pl.: *ḥammāmāt*	حَمَّام؛ ج.: حَمَّامَات
Wohnung	*šaqqa*; Pl.: *šuqaq* / *šaqqāt*	شَقَّة؛ ج.: شُقَق / شَقَّات
Gespräch, Unterredung	*mukālama*	مُكَالَمَة
Telephongespräch	*mukālama tilifūniyya*	مُكَالَمَة تَلَفُونِيَّة
hallo!	*alū* / *ālū*	أَلُو / آلُو
Kairo	*al-Qāhira*	الْقَاهِرَة
wollen, mögen	*arāda* [*yurīdu*] (+ Akk. / *an*)	أَرَادَ [يُرِيدُ] (ه / أَن)
Dienst, Dienstleistung, Gefallen	*ḫidma*; Pl.: *ḫidmāt* / *ḫadamāt*	خِدْمَة؛ ج.: خِدْمَات / خَدَمَات
lernen, erlernen	*ta‹allama* [*yata‹allamu*] (+ Akk.)	تَعَلَّمَ [يَتَعَلَّمُ] (ه)
arabisch; Araber	*‹arabiyy*; Pl.: *‹arab*	عَرَبِيّ؛ ج.: عَرَب
(das) Arbeiten, Arbeit, (das) Tun, Tätigkeit	*‹amal*; Pl.: *a‹māl*	عَمَل؛ ج.: أَعْمَال
alt [meist bei Nicht-Personen]	*qadīm*; Pl.: *qudamā›* / *qudāmā*	قَدِيم؛ ج.: قُدَمَاء / قُدَامَى
Mein Gott! Gütiger Himmel! [Ausruf der Verwunderung]	*yā salām*	يَا سَلَام

(tief) verwurzelt; altertümlich	*‹arīq*	عَرِيق
sprechen	*takallama* [*yatakallamu*]	تَكَلَّمَ [يَتَكَلَّمُ]
mit größtem Vergnügen! sehr gerne!	*bi-kull surūr*	بِكُلّ سُرُور
bitte schön! [Imperativ m./f. Sg.]	*tafaḍḍal* / *tafaḍḍalī*	تَفَضَّلْ / تَفَضَّلِي
anwesend; vorhanden	*mawǧūd*	مَوْجُود
auch; noch	*ayḍan*	أَيْضًا
es ist möglich, daß	*yumkinu* (*an* / *al*-Verbalsubstantiv)	يُمْكِنُ (أَن / الْ– Verbalsubstantiv)
ägyptisch; Ägypter	*miṣriyy*	مِصْرِيّ
Hotel	*funduq*; Pl.: *fanādiq*	فُنْدُق؛ ج.: فَنَادِق
einfach, bescheiden, naiv; gering, leicht	*basīṭ*; Pl.: *busaṭā›*	بَسِيط؛ ج.: بُسَطَاء
un-, nicht-; anderer als; außer	*ġayr* (+ Adv. / Adj.)	غَيْر (+ Adv. / Adj.)
teuer [m./f.]	*ġālin* (*al-ġālī*) / *ġāliya*	غَالٍ (الْغَالِى) / غَالِيَة
Al-Azhar [Moschee und islamische Universität]	*al-Azhar*	الأَزْهَر
sagen	*qāla* [*yaqūlu*] (+ Akk. / *inna* + Akk.)	قَالَ [يَقُولُ] (هـ / إِنَّ + Akk.)
denken an; nachdenken über	*fakkara* [*yufakkiru*] (*fī*)	فَكَّرَ [يُفَكِّرُ] (فِي)
Gegenstand; Thema; These	*mawḍū‹*; Pl.: *mawāḍī‹* / *mawḍū‹āt*	مَوْضُوع؛ ج.: مَوَاضِيع / مَوْضُوعَات
Institut	*ma‹had*; Pl.: *ma‹āhid*	مَعْهَد؛ ج.: مَعَاهِد
Goethe	*Ǧūta*	جُوتَه
englisch; Engländer	*inǧlīziyy* / *inǧilīziyy*; Pl.: *inǧlīz* / *inǧilīz*	إِنْجْلِيزِيّ / إِنْجِلِيزِيّ؛ ج.: إِنْجْلِيز / إِنْجِلِيز

Kollege	*zamīl*; Pl.: *zumalā›*	زَمِيل؛ ج.: زُمَلاَء
Kuwait	*al-Kūwayt*	الْكُوَيْت
der Irak	*al-‹Irāq*	الْعِرَاق
Libyen	*Lībyā*	لِيبْيَا
Königreich	*mamlaka*; Pl.: *mamālik*	مَمْلَكَة؛ ج.: مَمَالِك
marokkanisch; Marokkaner	*maġribiyy*; Pl.: *maġribiyyūn* / *maġāriba*	مَغْرِبِيّ؛ ج.: مَغْرِبِيُّون / مَغَارِبَة
Königreich Marokko	*al-Mamlaka l-Maġribiyya*	الْمَمْلَكَة الْمَغْرِبِيَّة
groß, mächtig; prächtig, großartig	*‹aẓīm*; Pl.: *‹uẓamā›*	عَظِيم؛ ج.: عُظَمَاء
Stift, Schreibstift, Bleistift	*qalam*; Pl.: *aqlām*	قَلَم؛ ج.: أَقْلاَم
Kunde; Agent	*‹amīl*; Pl.: *‹umalā›*	عَمِيل؛ ج.: عُمَلاَء
Marrakesch; *früher auch*: Marokko	*Marrākiš*	مَرَّاكِش
Markt	*sūq* (f.); Pl.: *aswāq* [umgangssprachl. m.]	سُوق (م)؛ ج.: أَسْوَاق
Fes	*Fās*	فَاس
Berlin	*Barlīn*	بَرْلِين
Augenblick, Moment	*laḥẓa*	لَحْظَة
morgen	*ġadan*	غَدًا
wie, von der Art von, als	*ka-*	كَ

Lektion 6

Übungen – تَمَارِين

Ü 1) Bilden Sie Sätze unter Verwendung der jeweiligen Präposition!

بِ	يَسْكُنُ أَحْمَد بِبَيْت كَبِير.
مَعَ	
عَنْدَ	
مِن	
لِ	
عَلَى	
إِلَى	

Ü 2) Konjugieren Sie die folgenden Verben im Konjunktiv!

	يَرْسُمُ	يَجْلِسُ	يَذْهَبُ	يَعْرِفُ	يَشْرَبُ
أَنَا					
أَنْتَ					
أَنْتِ					
هُوَ					
هِيَ					
نَحْنُ					
أَنْتُم					
أَنْتُنَّ					
هُم					
هُنَّ					

	يُرْسِلُ	يُصْبِحُ	يُقَابِلُ	يَأْكُلُ	يُحِبُّ
أَنَا					
أَنْتَ					
أَنْتِ					
هُوَ					
هِيَ					
نَحْنُ					
أَنْتُم					
أَنْتُنَّ					[تُحْبِبْنَ]*

					هُم
*[يَحْبِبْنَ]					هُنَّ

* *Bei diesen beiden Formen kommen noch zusätzliche lautgesetzliche Regeln zur Anwendung, die noch nicht behandelt wurden.*

Ü 3) Bilden Sie unter Verwendung der jeweils vorgegebenen Wörter ganze Sätze mittels der Konjunktion أَنْ!

Satz	2. Verb	Person	1. Verb	
	كَتَبَ	أَنَا	أَرَادَ	**1**
	جَلَسَ	أَنْتَ	أَحَبَّ	**2**
	سَافَرَ	هِيَ	يُمْكِنُ	**3**
	فَكَّرَ	أَنْتِ	أَرَادَ	**4**
	عَمِلَ	نَحْنُ	أَحَبَّ	**5**
	رَسَمَ	أَنْتُم	أَرَادَ	**6**
	سَكَنَ	هُنَّ	أَحَبَّ	**7**

Ü 4) Negieren Sie die folgenden Sätze, und übersetzen Sie sie dann ins Arabische!

1	Ahmad schreibt ein Buch mit seinem Freund Khaled.
2	Nura denkt an ihre Reise.
3	Ich gehe morgen in die Stadt.
4	Sie wird mit mir reden.
5	Ich werde mit meinem Vater in der Stadt wohnen.

Ü 5) Lesen Sie die folgenden (unvokalisierten) Sätze und schreiben Sie sie ab!

1	ما اسم كتاب اللغة العربية؟
2	اسمه السبيل.
3	هل تدرسين للإمتحان في الجامعة؟
4	ماذا تفعل الآن في البيت؟
5	هل قصة الكتاب جميلة؟
6	أنا بخير، الحمد لله.
7	أقرأ رواية جديدة لتوماس مان.
8	أبحث عن أخي وأختي في السوق.
9	مارتن في مكتبة المدينة.
10	ماذا تفعلين في الشارع، يا نورا؟
11	هل أنت مشغولة؟
12	نعم، القصة ممتازة.

Ü 6) Beantworten Sie die folgenden Fragen!

1	مَا اسْم الرِّوَايَة؟
2	مَا اسْم الْكَاتِب؟
3	هَل الْبَيْت جَمِيل؟

4	مَاذَا يَفْعَلُ خَالِد هُنَا فِي الْجَامِعَة؟
5	أَيْنَ مَكْتَبَة الْجَامِعَة؟
6	مَاذَا يُوجَدُ فِي غُرْفَة سَمِير ؟
7	هَل الشَّقَّة جَمِيلَة؟
8	هَل يُوجَدُ بِالْغُرْفَة كُرْسِي؟
9	هَل تَتَكَلَّمُ اللُّغَة الْفِرَنْسِيَّة وَالإِنْجِلِيزِيَّة؟
10	مَن يَدْرُسُ فِي جَامِعَة بَغْدَاد؟
11	هَل تَكْتُبُ اللُّغَة الْفِرَنْسِيَّة وَالأَلْمَانِيَّة؟
12	أَيْنَ كَانَت دَانْيَلاَ فِي الإِجَازَة؟
13	أَيْنَ يَعْمَلُ هَانْز ؟
14	أَيْنَ تَعْمَلُ مَارْتِينَا؟

Ü 7) Übersetzen Sie die folgenden Sätze ins Deutsche!

1	أَسْكُنُ فِي بَيْت مُرِيح بِلَنْدَن.
2	تَذْهَبُ كَرِيمَة إِلَى السُّوق.

تَتَعَلَّمُ سَلْمَى اللُّغَة الْعَرَبِيَّة فِي بَغْدَاد.	3
هَل تُسَافِرِينَ إِلَى الْقَاهِرَة غَدًا؟	4
أَكْتُبُ لِأَ◌َحْمَد رِسَالَة.	5
أَذْهَبُ مَعَكِ إِلَى السِّينِمَا الْيَوْم.	6

Ü 8) Übersetzen Sie die folgenden Sätze ins Arabische!

1	Was gibt es in deinem Zimmer, Tariq?
2	Wie läuft die Arbeit?
3	Gibt es in Marrakesch einen großen Markt?
4	Ich studiere Jura an der Universität Fes.
5	Ja, meine Wohnung ist sehr einfach und nicht teuer.
6	Ich werde über diese Sache nachdenken.
7	Ich schreibe dir sehr gerne einen Brief.
8	Willst du mit meiner Freundin sprechen?
9	Ich habe Arbeit in Syrien und fahre morgen nach Damaskus.

10	Ich weiß nicht, wo das Haus ist.
11	Ich habe eine Frage: Wo ist bitte die Firma Opel in Damaskus?
12	Ich habe einen Stift bei Mona.
13	Er hat eine große Familie in Jordanien.
14	Sie hat einen Freund aus Ägypten.
15	Dies ist eine Firma aus dem Sudan.
16	Dies ist ein Hotel im Libanon.
17	Dieses Fenster des Hauses ist groß.
18	Die Küche dieser Wohnung ist schön.
19	Dieser Tisch meines Zimmers ist groß.
20	Die Tür dieses Instituts ist klein.

Ü 9) Beantworten Sie die folgenden Fragen zum Text 1!

كَيْفَ حَال مُنَى؟	**1**
كَيْفَ غُرْفَة مُنَى؟	**2**

3	مَاذَا يُوجَدُ فِي غُرْفَة مُنَى؟
4	هَل فِيهَا كُرْسِي؟
5	هَل فِيهَا حَمَّام كَبِير؟
6	هَل يَسْكُنُ فِيهَا سَمِير مَعَ مُهَنْدِس؟
7	هَل الْغُرْفَة كَبِيرَة؟
8	أَيْنَ الْغُرْفَة؟
9	لِمَن الْغُرْفَة؟

Ü 10) Beantworten Sie die folgenden Fragen zum Text 2!

1	مَن يَتَكَلَّمُ بِالتِّلِفُون؟
2	أَيْنَ مُنِير الآن؟
3	مَاذَا يَفْعَلُ مُنِير؟
4	مَاذَا تُرِيدُ نُورَا مِن مُنِير؟
5	هَل تُرِيدُ نُورَا أَن تُسَافِرَ إِلَى بَلَد عَرَبِيّ؟
6	كَيْفَ مَدِينَة الْقَاهِرَة؟

7	مَاذَا تَسْأَلُ نُورَا مُنِير ؟
8	مَاذَا تُرِيدُ نُورَا فِي الْقَاهِرَةِ؟
9	أَيْنَ سَتَسْكُنُ نُورَا فِي الْقَاهِرَةِ؟
10	مَاذَا يَفْعَلُ مُنِير فِي الْقَاهِرَةِ؟
11	هَل سَتُسَافِرُ نُورَا إِلَى الْقَاهِرَةِ؟

Ü 11) Beantworten Sie die folgenden Fragen zum Text 3!

1	أَيْنَ يَعْمَلُ جَمَال؟
2	مَاذَا يَفْعَلُ جَمَال بِبُون؟
3	هَل يَدْرُسُ جَمَال؟
4	هَل يَتَكَلَّمُ جَمَال اللُّغَة الإسْبَانِيَّة فِي الْعَمَل؟
5	هَل تَعْمَلُ الشَّرِكَة مَعَ بَلَد عَرَبِيّ؟
6	هَل يَعْمَلُ جَمَال مَعَ سَمِير فِي هَذِهِ الشَّرِكَة؟

Ü 12) Übernehmen Sie die Rolle des Dolmetschers!

1	Mustafa:	*Alū, ahlan, yā Ute, kayfa l-ḥāl?*
	Dolmetscher:	
2	Ute:	Mir geht es gut, danke. Wie geht es dir in Fes?
	Dolmetscher:	
3	Mustafa:	*Bi-ḫayr, al-ḥamdu li-llāh. al-madīna ǧamīla ǧiddan.*
	Dolmetscher:	
4	Ute:	Ich wohne jetzt in Berlin mit meiner Freundin Karla.
	Dolmetscher:	
5	Mustafa:	*Kayfa š-šaqqa*?
	Dolmetscher:	
6	Ute:	Nicht schlecht!
	Dolmetscher	
7	Mustafa:	*Hal aš-šaqqa fī wasaṭ al-madīna*?
	Dolmetscher:	
8	Ute:	Karla arbeitet als (*ka-*) Ärztin, hier im Krankenhaus.
	Dolmetscher:	
9	Mustafa:	*Urīdu an atakallama ma‹a Karla. hal hiya hunā*?
	Dolmetscher:	
10	Ute:	Gut. Einen Augenblick bitte.
	Dolmetscher:	

Ü 13) Sie treffen einen arabischen Kunden in Ihrer Firma und Sie müssen mit ihm einen *small talk* halten. Schreiben Sie einen dementsprechenden Dialog! Benutzen Sie für unbekannte Begriffe ein deutsch-arabisches Wörterbuch!

	أَنَا:
	الْعَمِيل:
	أَنَا:

	الْعَمِيل:
	أَنَا:
	الْعَمِيل:
	أَنَا:
	الْعَمِيل:
	أَنَا:
	الْعَمِيل:
	أَنَا:
	الْعَمِيل:
	أَنَا:
	الْعَمِيل:
	أَنَا:

Lektion 7 – الدَّرْس السَّابِع

Texte – نُصُوص

Text 1:
Ein ausgezeichneter Kaffee – قَهْوَة مُمْتَازَة

1	سَلْمَى:	مَرْحَبًا.
2	كَرِيم:	أَهْلاً.
3	سَلْمَى:	أَنَا رَأَيْتُكَ بِالاَمْس فِي الْمَسْرَح، أَلَيْسَ كَذَلِكَ؟
4	كَرِيم:	نَعَم، كُنْتُ هُنَاكَ مَعَ صَدِيق. وَأَنْتِ؟
5	سَلْمَى:	أَنَا كُنْتُ مَعَ أَخِي وَأُخْتِي هُنَاكَ.
6	كَرِيم:	هَل تَشْرَبِينَ فِنْجَان قَهْوَة مَعِي فِي بَيْتِي؟
7	سَلْمَى:	نَعَم، بِكُلّ سُرُور.
8	كَرِيم:	تَفَضَّلِي، الْقَهْوَة.
9	سَلْمَى:	شُكْرًا جَزِيلاً.
10	كَرِيم:	لاَ شُكْر عَلَى وَاجِب.
11	سَلْمَى:	قَهْوَة مُمْتَازَة.

Text 2:
Hast du Jordanien besucht? – هَل زُرْتَ الأُرْدُن؟

1	مَارْتِينَا:	مَسَاء الْخَيْر. هَل أَنْتَ عَرَبِيّ، يَا أُسْتَاذ؟
2	خَالِد:	نَعَم، أَنَا عَرَبِيّ، لَكِن لِمَاذَا؟
3	مَارْتِينَا:	أُرِيدُ أَن أَسْأَلَكَ سُؤَال. هَل تَعْرِفُ شَارِع الْمَلِك؟
4	خَالِد:	نَعَم، أَعْرِفُهُ.
5	مَارْتِينَا:	هَل يُوجَدُ مَكْتَبَة عَرَبِيَّة هُنَاكَ؟

6	خَالِد:	لاَ أَعْرِفُ.
7	مَارْتِينَا:	أَنَا أُحِبُّ تَارِيخ الشَّرْق وَالْفَنّ الْعَرَبِيّ.
8	خَالِد:	وَأَنَا أُحِبُّ أُورُبَّا وَالْمُوسِيقَى الْكْلاَسِيكِيَّة.
9	مَارْتِينَا:	أَيْنَ كُنْتَ فِي أُورُبَّا؟
10	خَالِد:	زُرْتُ لَنْدَن وَبَرْشَلُونَة مَعَ أَبِي وَأُمِّي.

Text 3:
Der Kanzler ist in Syrien – الْمُسْتَشَار فِي سُورْيَا

1	مُنَى:	كَيْفَ الْحَال؟
2	أَحْمَد:	أَنَا بِخَيْر، الْحَمْدُ لله.
3	مُنَى:	أَيْنَ كُنْتَ الْيَوْم؟
4	أَحْمَد:	كُنْتُ الْيَوْم فِي الشَّرِكَة. وَأَنْتِ، يَا مُنَى، أَيْنَ كُنْتِ الْيَوْم؟
5	مُنَى:	كُنْتُ فِي السُوق. إِشْتَرَيْتُ مَلاَبِس وَأَكَلْتُ فِي مَطْعَم. هَل شُفْتَ الأَخْبَار الْيَوْم؟
6	أَحْمَد:	لاَ، كُنْتُ كُلّ الْيَوْم فِي الشَّرِكَة.
7	مُنَى:	سَافَرَ الْمُسْتَشَار الْيَوْم إِلَى سُورْيَا.
8	أَحْمَد:	أَتَمَنَّى لَهُ النَّجَاح. مَعْذِرَة، يَجِب أَنْ أَذْهَبَ الآن. مَعَ السَّلاَمَة.

Text 4:
Reise nach Südafrika – سَفَر إِلَى جَنُوب أَفْرِيقْيَا

1	فِي الإِجَازَة سَافَرْتُ إِلَى جَنُوب أَفْرِيقْيَا مَعَ زَوْجِي وَابْنِي وَبِنْتِي.
2	كَانَ الطَّقْس مُعْتَدِل فِي جَنُوب أَفْرِيقْيَا.
3	زُرْنَا هُنَاكَ أُسْرَة أَلْمَانِيَّة.
4	هَانْز صَدِيق زَوْجِي، وَمَارْتِينَا كَانَت صَدِيقَتِي فِي الْمَدْرَسَة.
5	هُم يَسْكُنُونَ فِي مَدِينَة جُوهَانِسْبُورْج، فِي بَيْت جَدِيد مَعَ طَبِيب أَفْرِيقِيّ.
6	هَانْز أُسْتَاذ فِي جَامِعَة جُوهَانِسْبُورْج.

7	وَمَارْتِينَا تَعْمَلُ فِي صَيْدَلِيَّة.
8	زَوْجِي سَيَبْقَى هُنَا وَأَنَا سَوْفَ أَرْجِعُ مَعَ ابْنِي وَبِنْتِي إِلَى أَلْمَانْيَا.

Grammatik – اَلْقَوَاعِد

G 1) Das Perfekt

Das Perfekt dient in den semitischen Sprachen zum Ausdruck einer *vollendeten Handlung* und drückt die Faktizität der Handlung aus. Für den allgemeinen Sprachgebrauch bedeutet dies, daß durch das Perfekt in der Regel in der Vergangenheit liegende Handlungen ausgedrückt werden. Allerdings kann es v.a. in Wunsch- und Bedingungssätzen (z.B. إن شَاءَ الله (so Gott *will*)), aber auch in Flüchen präsentischen Charakter haben.
Im Gegensatz zum Präsens werden die Formen des Perfekts ausschließlich durch *Suffixe* (Endungen) gebildet, wobei jedoch eventuelle stammestypische Erweiterungen erhalten bleiben. Jeder der Stämme hat dabei wieder neben den stammestypischen Erweiterungen eine für ihn jeweils charakteristische Vokalfolge.

a) Das Perfekt beim starken Verb im Grundstamm

Beim Perfekt der starken Verben im Grundstamm wird der erste Radikal (R_1) und in der Regel auch der zweite (R_2) mit einem *fatḥa* (َ) vokalisiert. Der zweite Radikal kann bei manchen Verben auch mit einem *kasra* (ِ) versehen sein, während ein *ḍamma* (ُ) lediglich bei einigen Verben der Beschaffenheit wie *karuma* – كَرُمَ (großzügig / edelmütig / edel sein) vorkommt. Dabei ist die Vokalisierung des zweiten Radikals (R_2) lexikalisch bedingt und bleibt durch alle Formen hindurch unverändert erhalten.

schreiben – كَتَبَ				
	Singular		**Plural**	
Person	**Schema**	**Form**	**Schema**	**Form**
1.	**R_1aR_2aR_3***tu* **katab***tu*	كَتَبْتُ ich schrieb	**R_1aR_2aR_3***nā* **katab***nā*	كَتَبْنَا wir schrieben
2. m.	**R_1aR_2aR_3***ta* **katab***ta*	كَتَبْتَ du schriebst	**R_1aR_2aR_3***tum* **katab***tum*	كَتَبْتُمْ ihr schriebt
2. f.	**R_1aR_2aR_3***ti* **katab***ti*	كَتَبْتِ du schriebst	**R_1aR_2aR_3***tunna* **katab***tunna*	كَتَبْتُنَّ ihr schriebt
3. m.	**R_1aR_2aR_3***a* **katab***a*	كَتَبَ er schrieb	**R_1aR_2aR_3***ū* **katab***ū*	كَتَبُوا sie schrieben
3. f.	**R_1aR_2aR_3***at* **katab***at*	كَتَبَتْ sie schrieb	**R_1aR_2aR_3***na* **katab***na*	كَتَبْنَ sie schrieben

Es sei hier nochmals daran erinnert, daß, wenn einem Konsonanten ein- und derselbe Konsonant ohne Zwischenvokal folgt, er grundsätzlich nur einmal mit dem Konsonantenverdoppelungszeichen *šadda* (ـّ) geschrieben wird (s. S. 42 (L 2, S 3c)). Dies gilt auch dann, wenn eine Endung mit einem Konsonanten beginnt und ohne Zwischenvokal an einen Stamm mit identischem dritten Radikal (R_3) angehängt wird.

Außerdem soll noch darauf hingewiesen werden, daß sich in unvokalisierten Texten abgesehen von der 3. Person Maskulinum die Formen des Singular in der Schrift nicht voneinander unterscheiden.

b) Grundregeln für das Perfekt in den erweiterten Stämmen und bei den schwachen Verben

Die Endungen für das Perfekt sind in allen Stämmen und bei allen Verben grundsätzlich dieselben. Allerdings werden bei manchen Gruppen der schwachen Verben zwei verschiedene Strukturen für das Perfekt benutzt, nämlich eine für die Endungen, die mit einem Vokal beginnen, und eine für die, die mit einem

Konsonanten beginnen. Dies bedeutet aber auch, daß bis auf wenige Ausnahmen nahezu alle schwachen Verben im Perfekt durchkonjugiert werden können, sofern die 3. Person Maskulinum Singular und die 1. Person Singular bekannt sind.

Erweiterte Formen mit einer Struktur [reisen – سَافَرَ]				
	Singular		Plural	
Person	Schema	Form	Schema	Form
1.	**[Rumpf]***tu*	سَافَرْتُ	**[Rumpf]***nā*	سَافَرْنَا
	sāfar*tu*	ich reiste	**sāfar***nā*	wir reisten
2. m.	**[Rumpf]***ta*	سَافَرْتَ	**[Rumpf]***tum*	سَافَرْتُم
	sāfar*ta*	du reistest	**sāfar***tum*	ihr reistet
2. f.	**[Rumpf]***ti*	سَافَرْتِ	**[Rumpf]***tunna*	سَافَرْتُنَّ
	sāfar*ti*	du reistest	**sāfar***tunna*	ihr reistet
3. m.	**[Rumpf]***a*	سَافَرَ	**[Rumpf]***ū*	سَافَرُوا
	sāfar*a*	er reiste	**sāfar***ū*	sie reisten
3. f.	**[Rumpf]***at*	سَافَرَت	**[Rumpf]***na*	سَافَرْنَ
	sāfar*at*	sie reiste	**sāfar***na*	sie reisten

Erweiterte Formen mit zwei Strukturen [sein – (أَنَا كُنْتُ) كَانَ]				
	Singular		Plural	
Person	Schema	Form	Schema	Form
1.	**[Rumpf 2]***tu*	كُنْتُ	**[Rumpf 2]***nā*	كُنَّا
	kun*tu*	ich war	**kun***nā*	wir waren
2. m.	**[Rumpf 2]***ta*	كُنْتَ	**[Rumpf 2]***tum*	كُنْتُم
	kun*ta*	du warst	**kun***tum*	ihr wart
2. f.	**[Rumpf 2]***ti*	كُنْتِ	**[Rumpf 2]***tunna*	كُنْتُنَّ
	kun*ti*	du warst	**kun***tunna*	ihr wart
3. m.	**[Rumpf 1]***a*	كَانَ	**[Rumpf 1]***ū*	كَانُوا
	kān*a*	er war	**kān***ū*	sie waren

3. f.	**[Rumpf 1]***at*	كَانَتْ	**[Rumpf 2]***na*	كُنَّ
	kān*at*	sie war	**kun***na*	sie waren

c) Bereits bekannte Verben aus den vorherigen Lektionen mit zwei Strukturen im Perfekt

In diesem Buch wird bei schwachen Verben mit zwei Strukturen im Perfekt neben der 3. Person Maskulinum Singular Perfekt und Präsens auch die 1. Person Singular Perfekt angegeben.
Zum besseren Überblick sollen deswegen nochmals hier alle Verben mit zwei Strukturen im Perfekt, die in den vorherigen Lektionen erlernt wurden, nochmals in vollständiger Form angegeben werden.

sagen	*qāla* [*ana qultu, yaqūlu*] (+ Akk. / *inna* + Akk.)	قَالَ [أَنَا قُلْتُ، يَقُولُ] (هـ / إِنَّ + Akk.)
lieben, mögen	*aḥabba* [*ana aḥbabtu, yuḥibbu*] (+ Akk.)	أَحَبَّ [أَنَا أَحْبَبْتُ، يُحِبُّ] (هـ/هـ)

G 2) Die Hilfsverben *kāna* – كَانَ (gewesen sein) und *laysa* – لَيْسَ (nicht sein)

Die Hilfsverben *kāna* – كَانَ (gewesen sein) und *laysa* – لَيْسَ (nicht sein) werden im Bereich der Formbildung als Perfekta mit zwei Strukturen behandelt und dementsprechend durchkonjugiert.
Dabei übernimmt (أَنَا كُنْتُ) كَانَ die Funktion des Hilfsverbes eines Nominalsatzes in der Vergangenheit und entspricht der Vergangenheitsform des deutschen Hilfsverbes *sein*. Es besitzt auch eine Präsensform, nämlich *yakūnu* (يَكُونُ), die jedoch äußerst selten benutzt wird und sehr starken Betonungscharakter hat.

Präsens	Perfekt
al-bayt kabīr – الْبَيْت كَبِير (das Haus ist groß)	*kāna al-bayt kabīr* – كَانَ الْبَيْت كَبِير (das Haus war groß)

ana fī l-Qāhira – أَنَا فِي الْقَاهِرَة (ich bin in Kairo)	*kuntu fī l-Qāhira* – كُنْتُ فِي الْقَاهِرَة (ich war in Kairo)
‹indī kitāb – عِنْدِي كِتَاب (ich habe ein Buch)	*kāna ‹indī kitāb* – كَانَ عِنْدِي كِتَاب (ich hatte ein Buch)
‹indī ġurfa – عِنْدِي غُرْفَة (ich habe ein Zimmer)	*kānat ‹indī ġurfa* – كَانَت عِنْدِي غُرْفَة (ich hatte ein Zimmer)

لَيْسَ (أَنَا لَسْتُ) wird dagegen zur *Negation* (Verneinung) eines Nominalsatzes *im Präsens* benutzt und entspricht dem Deutschen *nicht sein*. Dieses Hilfsverb hat also trotz seiner Perfektform keinen Vergangenheitscharakter.

Aussage	**negierte Aussage**
al-bayt kabīr – الْبَيْت كَبِير (das Haus ist groß)	*laysa al-bayt kabīr* – لَيْسَ الْبَيْت كَبِير (das Haus ist nicht groß)
ana fī l-Qāhira – أَنَا فِي الْقَاهِرَة (ich bin in Kairo)	*lastu fī l-Qāhira* – لَسْتُ فِي الْقَاهِرَة (ich bin nicht in Kairo)
‹indī kitāb – عِنْدِي كِتَاب (ich habe ein Buch)	*laysa ‹indī kitāb* – لَيْسَ عِنْدِي كِتَاب (ich habe kein Buch)
‹indī ġurfa – عِنْدِي غُرْفَة (ich habe ein Zimmer)	*laysat ‹indī ġurfa* – لَيْسَت عِنْدِي غُرْفَة (ich hatte ein Zimmer)

Das Prädikatsnomen steht bei beiden Hilfsverben im Gegensatz zu den indoeuropäischen Sprachen im Arabischen grundsätzlich im Akkusativ.

Aussage **im Präsens**	*Aḥmad abū Muḥammad* – أَحْمَد أَبُو مُحَمَّد (Ahmed ist der Vater Mohameds)
negierte Aussage **im Präsens**	*laysa Aḥmad abā Muḥammad* – لَيْسَ أَحْمَد أَبَا مُحَمَّد (Ahmed ist der Vater Mohameds)
Aussage **im Präsens**	*kāna Aḥmad abā Muḥammad* – كَانَ أَحْمَد أَبَا مُحَمَّد (Ahmed ist der Vater Mohameds)

G 3) Die Negation (Verneinung) des Perfekts

Die Formen des Perfekts können grundsätzlich nur mittels der Negation *mā* – مَا negiert (verneint) werden. Diese muß dabei unmittelbar vor der zu verneinenden Verbform stehen.

Aussage	negierte Aussage
سَكَنْتُ فِي الأُقْصُر *sakantu fī l-Uqṣur* (ich wohnte in Luxor)	مَا سَكَنْتُ فِي الأُقْصُر *mā sakantu fī l-Uqṣur* (ich wohnte nicht in Luxor)

G 4) Die Personalsuffixe als Objektsuffixe am Verb

Die arabische Sprache kennt wie gesagt nur für den Nominativ eigenständige Personalpronomina (s. S. 26 (L 1, G 6)). Für alle anderen *Kasus* (Fälle) müssen in der arabischen Sprache andere Konstruktionen benutzt werden. Dazu gehört auch die Entsprechung für die in den indoeuropäischen Sprachen übliche Verwendung von Personalpronomina in der Funktion des Objekts der Satzhandlung. Wie bei den Präpositionen (s. S. 136 (L 6, G 1)) geschieht dies in der arabischen Sprache durch das Anhängen der *Personalsuffixe*, die auch in diesem Falle in Schriftbild und Sprache direkt an die Verbalform angehängt werden.

Diese *Objektsuffixe* sind dabei fast durchgehend identisch mit den Personalsuffixen bei den Präpositionen und den Possessivsuffixen. Lediglich für Objekte in der 1. Person Singular wird davon abweichend die spezielle Endung *-nī* – ني benutzt. Sämtliche Suffixe werden dabei in der Regel ohne speziellen Bindevokal an die reguläre Verbalform angehängt.

Beispiel: *yafhamu* - يَفْهَمُ (er versteht)		
	Singular	**Plural**
1.	*yafhamu-nī* – يَفْهَمُنِي (er versteht mich)	*yafhamu-nā* – يَفْهَمُنَا (er versteht uns)
2. m	*yafhamu-ka* – يَفْهَمُكَ (er versteht dich (m.))	*yafhamu-kum* – يَفْهَمُكُم (er versteht euch (m.))

2. f.	*yafhamu-ki* – يَفْهَمُكِ (er versteht dich (f.))	*yafhamu-kunna* – يَفْهَمُكُنَّ (er versteht euch (f.))
3. m	*yafhamu-hu* – يَفْهَمُهُ (er versteht ihn / es)	*yafhamu-hum* – يَفْهَمُهُم (er versteht sie (m.))
3. f.	*yafhamu-hā* – يَفْهَمُهَا (er versteht sie / es)	*yafhamu-hunna* – يَفْهَمُهُنَّ (er versteht sie (f.))

Folgt allerdings ein Objektsuffix auf die Endung *-tum* – تُم (2. Person Maskulinum Plural Perfekt), so wird ein langes *-ū-* – وُ als Bindevokal eingefügt, während die Endung *-ū* – وُا (v.a. 3. Person Maskulinum Plural Perfekt) grundsätzlich ihr Alif verliert.

ohne Suffix	*fahamtum* – فَهِمْتُم (ihr (m.) verstandet)	*fahamū* – فَهِمُوا (sie (m.) verstanden)
mit Suffix	*fahamtumū-nī* – فَهِمْتُمُونِي (ihr (m.) verstandet mich)	*fahamū-nī* – فَهِمُونِي (sie (m.) verstanden mich)

G 5) Das *Nisba*-Suffix

Mit Hilfe des *Nisba*-Suffixes *-iyy* / *-iyya* – يَّة / يّ können von Substantiven, gelegentlich auch von anderen Worttypen, Adjektive abgeleitet werden. Diese drücken eine Zugehörigkeit zu einer bestimmten Sache aus und können mit den deutschen Formen auf *-isch* bzw. *-ig* verglichen werden. Diese Adjektive können wiederum oftmals auch als Substantive v.a. zur Bezeichnung von Personen benutzt werden.

Die Kombination von Substantiv und durch *Nisba*-Suffix gebildetem Adjektiv wird auch oftmals als Ersatzkonstruktion für zusammengesetzte Substantive in der deutschen Sprache benutzt wie z.B. *kitāb madrasiyy* – كِتَاب مَدْرَسِيّ (ein schulisches Buch = ein Schulbuch).

Die Endung wird direkt an das Substantiv angehängt. Dabei entfallen jegliche Endungen inkl. der Femininumendung *-a* – ة und der Endung *-yā* – يَا. Dies bedeutet auch, daß bei Substantiven, die sich lediglich durch eine dieser Endungen voneinander unterscheiden, die Formen der jeweiligen mittels *Nisba*-Suffix abgeleiteten Adjektive zusammenfallen.

Substantiv	**abgeleitetes Adjektiv**
as-Sūdān – السُّودَان (Sudan)	*sūdāniyy* – سُودَانِيّ (sudanesisch; Sudanese)
Miṣr – مِصْر (Ägypten)	*miṣriyy* – مِصْرِيّ (ägyptisch; Ägypter)
maktab – مَكْتَب (Büro)	*maktabiyy* – مَكْتَبِيّ (Büro-)
madrasa – مَدْرَسَة (Schule)	*madrasiyy* – مَدْرَسِيّ (schulisch, Schul-)
madīna – مَدِينَة (Stadt)	*madīniyy* – مَدِينِيّ (städtisch, Stadt-; Städter)
Almānyā – أَلْمَانْيَا (Deutschland)	*almāniyy* – أَلْمَانِيّ (deutsch; Deutscher)
ğāmi› – جَامِع (Moschee)	*ğāmi›iyy* – جَامِعِيّ (Moschee- / Universitäts-)
ğāmi›a – جَامِعَة (Universität)	

Vokabeln – الْمُفْرَدَات

Wendungen und Wörter aus dem Grammatikteil (G 1c) werden hier nicht gesondert aufgeführt!

sehen (sie sah)	*ra›ā* [*ana ra›aytu, yarā*] (+ Akk.) (*hiya ra›t*)	رَأَى [أَنَا رَأَيْتُ، يَرَى] (هـ/ـه) (هِيَ رَأَتْ)

gestern	*ams*	أَمْس
sein, existieren	*kāna* [*ana kuntu, yakūnu*]	كَانَ [أَنَا كُنْتُ، يَكُونُ]
nicht wahr?	*a-laysa kaḏālik*	أَلَيْسَ كَذَلِك؟
Tasse	*finǧān*; Pl.: *fanāǧīn*	فِنْجَان؛ ج.: فَنَاجِين
Kaffee	*qahwa*	قَهْوَة
ich habe, ich habe bei mir	*ma‹ī*	مَعِي
Datum; Geschichte	*tārīḫ* / *ta›arīḫ*; Pl.: *tawārīḫ*	تَارِيخ / تَأْرِيخ؛ ج.: تَوَارِيخ
Orient; Osten	*šarq*	شَرْق
Kunst	*fann*; Pl.: *funūn*	فَنّ؛ ج.: فُنُون
Musik	*mūsīqā* (f.)	مُوسِيقَى (م)
klassisch	*klāsīkiyy*	كْلاَسِيكِيّ
besuchen	*zāra* [*ana zurtu, yazūru*] (+ Akk.)	زَارَ [أَنَا زُرْتُ، يَزُورُ] (هـ/هـ)
London	*Landan*	لَنْدَن
Barcelona	*Baršalūna*	بَرْشَلُونَة
kaufen	*ištarā* [*ana ištaraytu, yaštarī*] (+ Akk.)	اِشْتَرَى [أَنَا اشْتَرَيْتُ، يَشْتَرِي] (هـ)
Restaurant	*maṭ‹am*; Pl.: *maṭā‹im*	مَطْعَم؛ ج.: مَطَاعِم
sehen [umgangssprachlich]	*šāfa* [*ana šuftu, yašūfu*] (+ Akk.)	شَافَ [أَنَا شُفْتُ، يَشُوفُ] (هـ/هـ)
Kanzler	*mustašār*	مُسْتَشَار
wünschen	*tamannā* [*yatamannā*] (*lahu* +Akk. / *an*)	تَمَنَّى [يَتَمَنَّى] (لَهُ هـ / أَنْ)
Erfolg	*naǧāḥ*; Pl.: *naǧāḥāt*	نَجَاح؛ ج.: نَجَاحَات
Entschuldigung!	*ma‹ḏira*	مَعْذِرَة
müssen	*waǧaba* [*yaǧibu*] (*an*)	وَجَبَ [يَجِبُ] (أَن)
Freistellung, Urlaub	*iǧāza*	إِجَازَة

Süden	*ğanūb*	جَنُوب
Afrika	*Afrīqyā*	أَفْرِيقْيَا
Ehemann, Ehegatte	*zawğ*; Pl.: *azwāğ*	زَوْج؛ ج.: أَزْوَاج
Wetter	*ṭaqs*	طَقْس
Johannesburg	*Ğūhānisbūrğ*	جُوهَانِسْبُورْج
afrikanisch; Afrikaner	*afrīqiyy*; Pl.: *afrīqiyyūn* / *afāriqa*	أَفْرِيقِيّ؛ ج.: أَفْرِيقِيُّون / أَفَارِقَة
Apotheker	*ṣaydaliyya*	صَيْدَلِيَّة
zurückkommen, zurückkehren	*rağa‹a* [*yarği‹u*] (*ilā*)	رَجَعَ [يَرْجِعُ] (إِلَى)
großzügig / edelmütig / edel sein	*karuma* [*yakrumu*]	كَرُمَ [يَكْرُمُ]
Luxor [Stadt in Ägypten]	*al-Uqṣur*	الأُقْصُر
verstehen, begreifen	*fahama* [*yafhamu*] (+ Akk.)	فَهَمَ [يَفْهَمُ] (ه/ه)
Geld	*nuqūd* (Pl.)	نُقُود (ج)
Polizei	*šurṭa*	شُرْطَة
Bildung; Kultur	*ṯaqāfa*; Pl.: *ṯaqāfāt*	ثَقَافَة؛ ج.: ثَقَافَات
Telephon	*tilifūn*; Pl: *tilifūnāt*	تِلِفُون؛ ج.: تِلِفُونَات
Spanien	*isbānyā* / *asbānyā*	إِسْبَانْيَا / أَسْبَانْيَا
spanisch; Spanier	*isbāniyy* / *asbāniyy*	إِسْبَانِيّ / أَسْبَانِيّ
viel	*kaṯīr*; Pl.: *kaṯīrūn* / *kiṯār*	كَثِير؛ ج.: كَثِيرُون / كِثَار
sehr; oft; viel [Adv.]	*kaṯīran*	كَثِيرًا
Papa	*bābā*	بَابَا
Mama	*māmā*	مَامَا
möglich	*mumkin*	مُمْكِن

Übungen – تَمَارِين

Ü 1) Konjugieren Sie die folgenden Verben im Perfekt!

	رَسَمَ	جَلَسَ	ذَهَبَ	عَرَفَ	شَرِبَ
أَنَا					
أَنْتَ					
أَنْتِ					
هُوَ					
هِيَ					
نَحْنُ					
أَنْتُم					
أَنْتُنَّ					
هُم					
هُنَّ					

	أَرْسَلَ	لَيْسَ [أَنَا لَسْتُ]	قَابَلَ	سَكَنَ	أَحَبَّ [أَنَا أَحْبَبْتُ]
أَنَا					
أَنْتَ					
أَنْتِ					
هُوَ					
هِيَ					
نَحْنُ					
أَنْتُم					
أَنْتُنَّ					
هُم					
هُنَّ					

Ü 2) Beantworten Sie folgende Fragen verneinend!

هَل لَهُ بَيْت؟	1
هَل عِنْدَهَا عَمَل؟	2
هَل مَعَهَا نُقُود؟ [نُقُود wird wie ein Femininum im Singular behandelt]	3
هَل لَكَ مَكْتَب؟	4
هَل عِنْدَهَا سُؤَال؟	5
هَل عِنْدَكَ وَقْت؟	6

Ü 3) Stellen Sie die Fragen der vorherigen Übung im Perfekt und beantworten Sie sie verneinend!

هَل كَانَ لَهُ بَيْت؟	1
	2
	3
	4
	5

	6

Ü 4) Schreiben Sie die folgenden Wörter zusammen mit dem *Nisba*-Suffix im Maskulinum und Femininum Singular auf Arabisch!

	Form	Adjektiv mit *Nisba*-Suffix	
		Maskulinum	Femininum
1	*sakan*		
2	*‹amal*		
3	*maktaba*		
4	*ğāmi‹*		
5	*Almānyā*		
6	*umm*		
7	*safar*		
8	*madrasa*		
9	*šāri‹*		

Ü 5) Kombinieren Sie jeweils die beiden Wörter zu einer Phrase, indem Sie das zweite mit einem *Nisba*-Suffix versehen!

Übersetzung	Phrase	2. Wort	1. Wort	
		شُرْطَة	كَلْب	1
		عَرَب	سَلاَم	2
		ثَقَافَة	حَدِيث	3
		أَلْمَانْيَا	بِنْت	4
		فِرَنْسَا	جُبْنَة	5
		اَلْيَمَن	جَامِعَة	6
		تِلِفُون	مُكَالَمَة	7
		اَلْمَغْرِب	مَلِك	8

		إِسْبَانْيَا	أَكْل	9
		مَدِينَة	مَكْتَبَة	10

Ü 6) Übersetzen Sie die folgenden Sätze ins Deutsche!

يُوجَدُ فِي دِمَشْق جَامِع كَبِير وَجَمِيل.	1
السَّكَن الْجَامِعِيّ فِي أَلْمَانْيَا غَالٍ.	2
أُرِيدُ أَن أُسَافِرَ إِلَى مِصْر.	3
كَيْفَ الطَّقْس فِي فَاس؟	4
مَتَى تَذْهَبُ إِلَى الْمَكْتَبَة الْفَرَنْسِيَّة فِي بَرلِين؟	5
أَتَكَلَّمُ اللُّغَة الإِسْبَانِيَّة.	6
سَيُسَافِرُ فَرِيد إِلَى الْقَاهِرَة.	7
مَتَى تَدْرُس لِلإِمْتِحَان؟	8
أُحِبُّ تَارِيخ الشَّرق وَالْفَنّ الْعَرَبِيّ.	9
أَيْنَ السَّيِّدَة سَلْمَى الْيَوْم؟	10
مَتَى يُمْكِنُ أَن أَزُورَ صَدِيقِي مَحْمُود.	11

كَيْفَ الدِّرَاسَة فِي جَامِعَة بَيْرُوت.	**12**
مُمْكِن سُؤَال، يَا سَيِّدَة؟	**13**
أُحِبُّ الْمُوسِيقَى الْكْلاَسِيكِيَّة.	**14**
مُتَى تَفْهَمُنِي.	**15**
لَيْسَ عِنْدِي وَقْت.	**16**
كَانَ لِي بَيْت بِبَغْدَاد.	**17**
مَا سَكَنَ سَمِير فَي الأُقْصُر.	**18**
هَذِهِ فِكْرَة جَيِّدَة.	**19**
سَوْفَ أَكُونُ كُلّ الْيَوْم فِي الْعَمَل.	**20**
هَل كُنْتُم مَعَ الْمُسْتَشَار فِي بَرلِين؟	**21**
إِلَى أَيْنَ سَافَرْتُم فِي الصَّيْف؟	**22**
أُحِبُّ أَن أَدْرُسَ مَعَكَ الْعَرَبِيَّة.	**23**
مُمْكِن أَن نَلْتَقِي غَدًا فِي وَسَط الْمَدِينَة؟	**24**

25	رَجَعْتُ إِلَى أَلْمَانْيَا بِالأَمْس.
26	وَجَدْتُ صَيْدَلِيَّة أَمَامَ مَسْرَح الْمَدِينَة.
27	مَتَى تُرِيدُ أَن تَعْمَلَ فِي الشُّرْطَة فِي بَغْدَاد.

Ü 7) Beantworten Sie die folgenden Fragen zum Text 1!

1	مَن رَأْت سَلْمَى بِالأَمْس وَأَيْنَ؟
2	مَعَ مَن كَانَ كَرِيم؟
3	هَل شَرِبَ كَرِيم مَعَ سَلْمَى فِنْجَان قَهْوَة؟ وَأَيْنَ؟

Ü 8) Beantworten Sie die folgenden Fragen zum Text 2!

1	هَل خَالِد عَرَبِيّ؟
2	لِمَاذَا سَأَلَت مَارْتِينَا خَالِد؟
3	مَاذَا سَأَلَت مَارْتِينَا خَالِد؟ وَأَيْنَ؟
4	هَل يَعْرِفُ خَالِد مَكَان الشَّارِع؟
5	هَل تُوجَدُ مَكْتَبَة فِي عَمَّان؟

6	مَاذَا تُحِبُّ مَارْتِينَا؟
7	مَاذَا يُحِبُّ خَالِد؟
8	هَل زَارَ خَالِد أُرُوبَا؟ مَعَ مَن؟

Ü 9) Beantworten Sie die folgenden Fragen zum Text 3!

1	هَل أَحْمَد عَرَبِيّ؟
2	أَيْنَ كَانَ أَحْمَد؟
3	أَيْنَ كَانَت مُنَى؟ وَمَاذَا فَعَلَت؟
4	هَل زَارَت مُنَى صَدِيقَتَهَا؟
5	مَن (هُوَ) الْمُسْتَشَار / (هِيَ) الْمُسْتَشَارَة؟
6	إِلَى أَيْنَ ذَهَبَ الْمُسْتَشَار؟
7	مَاذَا يَتَمَنَّى أَحْمَد لِلْمُسْتَشَار؟
8	هَل زَارَ الْمُسْتَشَار مِصْر؟

Ü 10) Beantworten Sie die folgenden Fragen zum Text 4!

مَن سَافَرَ إِلَى جَنُوب أَفْرِيقْيَا؟	1
كَيْفَ الطَّقْس فِي جَنُوب أَفْرِيقْيَا؟	2
أَيْنَ يَعْمَلُ هَنْز؟	3
مَا مِهْنَتُهُ؟	4
مَن زَارَت الأُسْرَة فِي جَنُوب أَفْرِيقْيَا؟	5
أَيْنَ تَعْمَلُ مَارْتِينَا؟	6

Ü 11) Übernehmen Sie die Rolle des Dolmetschers!

1	Ahmed:	*Māḏā qulti, yā Dūris?*
	Dolmetscher:	
2	Doris:	Bist du aus Jordanien, Ahmad?
	Dolmetscher:	
3	Ahmed:	*Lā, lastu min hāḏā l-balad, ana miṣriyy.*
	Dolmetscher:	
4	Doris:	Versteht dein Freund die arabische Sprache.
	Dolmetscher:	
5	Ahmed:	*Na‹am, huwa yazūrunī kaṯīran fī Miṣr wa yatakallamu hunāka l-luġa l-‹arabiyya.*
	Dolmetscher:	

6	Doris:	Ich möchte auch gerne dich in Kairo besuchen. Hast du im Sommer Zeit für mich?
	Dolmetscher	
7	Ahmed:	*Ahlan wa sahlan biki fī baytinā.*
	Dolmetscher:	
8	Doris:	Ich werde, so Gott will, in Berlin Arabisch lernen. Dann kann ich in Kairo mit den Leuten sprechen.
	Dolmetscher:	
9	Ahmed:	*Mumtāz.*
	Dolmetscher:	
10	Doris:	Kannst du bitte für mich ein Institut für die arabische Sprache suchen?
	Dolmetscher:	
11	Ahmed:	*Bikull surūr.*
	Dolmetscher:	
12	Doris:	Vielen Dank, mein Freund!
	Dolmetscher:	
13	Ahmed:	*Lā šukr ‹alā wāğib.*
	Dolmetscher:	

Ü 12) Schreiben Sie einen kurzen Reisebericht über Ihren letzten Urlaub! Benutzen Sie für unbekannte Begriffe ein deutsch-arabisches Wörterbuch!

Lektion 8 – الدَّرْس الثَّامِن

Texte – نُصُوص

Text 1:
Auf dem Markt – فِي السُّوق

١	تَسْكُنُ كَرِيمَة فِي الْمَدِينَة الْقَدِيمَة بِفَاس.
٢	تَذْهَبُ كَرِيمَة كُلّ يَوْم جُمْعَة إِلَى السُّوق.
٣	لِتَشْتَرِي بَعْض الأَشْيَاء.
٤	تُوجَدُ فِي الْمَدِينَة الْقَدِيمَة سُوق كَبِيرَة.
٥	نَجِدُ فِي هَذِهِ السُّوق كُلّ شَيْء.
٦	فِيهَا حَاجِيَات الْمَعِيشَة: مِثْل جُبْنَة، زَيْتُون، خُبْز، عَسَل، مَرَبَّى، زِبْدَة، خُضَار، لَحْم، حَلْوَى، وَنَجِدُ أَيْضًا مَلاَبِس وَأَحْذِيَة.
٧	هُنَا بَائِع سَمَك وَهُنَاكَ بَائِع مَشْرُوبَات يُنَادِي:
٨	"عَصِير الْبُرْتُقَال بِدِرْهَم وَعَصِير اللَّيْمُون بِأَرْبَعَة دَرَاهِم.
٩	يَاالله، يَا سَيِّد، يَاالله، يَاالله، يَا سَيِّدَة، الْعَصِير اللَّذِيذ!
١٠	عَصِير الْبُرْتُقَال بِدِرْهَم وَعَصِير اللَّيْمُون بِأَرْبَعَة دَرَاهِم."
١١	هُنَا وَهُنَاكَ أَصْوَات كَثِيرَة.
١٢	وَاحِد يَبِيعُ خُضَار وَوَاحِدَة تَبِيعُ فَاكِهَة.
١٣	وَاحِد يُغَنِّي، وَآخَر يُصَلِّي عَلَى الأَرْض.
١٤	تَسْأَلُ كَرِيمَة بَائِع الْفَاكِهَة:
١٥	كَرِيمَة: بِكَم كِيلُو التُّفَّاح، مِن فَضْلِكَ؟
١٦	الْبَائِع: الْكِيلُو بِثَلاَثَة دَرَاهِم وَنِصْف.
١٧	كَرِيمَة: أُرِيدُ كِيلُو وَنِصْف، مِن فَضْلِكَ.
١٨	البَائِع: تَفَضَّلِي، يَا سَيِّدَة.

١٩	كَريمة:	شُكرًا جَزيلاً.
٢٠	البَائِع:	إلَى اللِّقَاء، يَا سَيِّدَة.

Text 2:
In der Stadt Kairo – فِي مَدِينَة الْقَاهِرَة

١	هَل تَعْرِفُ مَدِينَة الْقَاهِرَة؟
٢	هِيَ مَدِينَة عَرَبِيَّة قَدِيمَة.
٣	مَاذَا يُوجَدُ فِي الْقَاهِرَة؟
٤	يُوجَدُ فِيهَا مَدَارِس، مَكَاتِب، جَامِعَات، شَرِكَات، مَصَانِع، مَطَاعِم، وَمَكْتَبَات، وَمَسَاجِد.
٥	فِيهَا أَيْضًا أَسْوَاق؛ يُوجَدُ بِهَا:
٦	طَمَاطِم، بَصَل، خِيَار، خَسّ، رُزّ، زَيْت وَلَيْمُون.
٧	مَارْتِن يُفَضِّلُ السُّوق الشَّعْبِيّ "خَان الْخَلِيلِي".
٨	وَيُحِبُّ الأَكْل الشَّرْقِيّ كَثِيرًا.
٩	الْيَوْم يَذْهَبُ مَارْتِن مَعَ نُورَا إِلَى مَطْعَم بِالسُّوق.

Text 3:
Ein Treffen im Flughafen Kairo – لِقَاء فِي مَطَار الْقَاهِرَة

١	سَمِير:	مَرْحَبًا!
٢	مَارْتِن:	أَهْلاً!
٣	سَمِير:	أَنَا سَمِير وَأَنْتَ؟
٤	مَارْتِن:	أَنَا مَارْتِن مَاير.
٥	سَمِير:	تَشَرَّفْتُ.
٦	مَارْتِن:	هَل أَنْتَ عَرَبِيّ؟
٧	سَمِير:	نَعَم.
٨	مَارْتِن:	مِن أَيّ بَلَد؟

٩	سَمِير:	أَنَا أُرْدُنِيّ، مِن مَدِينَة عَمَّان.
١٠	مَارْتِن:	أَهْلاً بِكَ، يَا سَمِير.
١١	سَمِير:	أَهْلاً وَسَهْلاً.
١٢	مَارْتِن:	مَاذَا تَشْتَغِلُ، يَا سَمِير؟
١٣	سَمِير:	أَنَا تَاجِر. وَأَنْتَ؟
١٤	مَارْتِن:	أَنَا مُهَنْدِس فِي شَرِكَة سَيَّارَات بِمَدِينَة مْيُونِخ. وَأَنْتَ، هَل أَنْتَ سَائِح؟
١٥	سَمِير:	نَعَم، أُرِيدُ أَن أَشْتَرِيَ مَلاَبِس وَأَحْذِيَة لِأُسْرَتِي.
١٦	مَارْتِن:	هَل عِنْدَكَ حَجْز فِي فُنْدُق؟
١٧	سَمِير:	نَعَم، عِنْدِي حَجْز فِي فُنْدُق أَبُو الْهُول فِي وَسَط الْمَدِينَة.
١٨	مَارْتِن:	وَأَنَا سَوْفَ أَسْكُنُ مَعَ أُسْرَتِي فِي شَقَّة. أَبِي يَعْمَلُ بِالسَّفَارَة الأَلْمَانِيَّة بِالْقَاهِرَة.
١٩	سَمِير:	هَل عِنْدَكَ وَقْت غَدًا فِي الْمَسَاء؟ هَل يُمْكِنُ أَن نَلْتَقِيَ؟
٢٠	مَارْتِن:	نَعَم، هَذِهِ فِكْرَة جَيِّدَة.

Text 4:
Ein arabischer Film – فِيلْم عَرَبِيّ

١	سَمِير:	هَل تَعْرِفُ السِّينِمَا الْمِصْرِيَّة؟
٢	مَارْتِن:	نَعَم، قَلِيلاً.
٣	سَمِير:	إِذَن نُشَاهِدُ فِيلْم كُومِيدِيّ. الْمُمَثِّل اِسْمُهُ عَادِل إِمَام. بَعْدَ ذَلِكَ نَذْهَبُ وَنَأْكُلُ سَوِيًّا فِي مَطْعَم.
٤	مَارْتِن:	مُمْتَاز، أَنَا أُحِبُّ الْفَلاَفِل وَالْفُول.
٥	سَمِير:	إِذَن نَأْكُلُ فَلاَفِل وَفُول وَكُفْتَة.
٦	مَارْتِن:	أَنَا مُوَافِق. لَكِن مَتَى وَأَيْنَ نَلْتَقِي؟
٧	سَمِير:	نَلْتَقِي السَّاعَة سِتَّة وَنِصْف أَمَامَ مَطْعَم النُّور بِجَانِب مَيْدَان الأَهْرَام.
٨	مَارْتِن:	مُمْتَاز!
٩	سَمِير:	إِذَن إِلَى الْغَد.

١٠	مَارْتِن:	مَعَ السَّلاَمَة.
١١	سَمِير:	سَلاَم لِلأُسْرَة.

Text 5:
Den Reisepaß, bitte! – جَوَاز السَّفَر، مِن فَضْلِك.

١	الشُّرْطِي:	جَوَاز السَّفَر، مِن فَضْلِك.
٢	مَارْتِن:	تَفَضَّل.
٣	الشُّرْطِي:	تَتَكَلَّمُ الْعَرَبِيَّة جَيِّدًا، هَل أَنْتَ عَرَبِيّ؟
٤	مَارْتِن:	لاَ، أَنَا أَلْمَانِيّ. دَرَسْتُ اللُّغَة الْعَرَبِيَّة فِي جَامِعَة بَرلِين بِكُلِيَّة اللُّغَات.
٥	الشُّرْطِي:	إِقَامَة سَعِيدَة فِي الْقَاهِرَة.
٦	مَارْتِن:	شُكْرًا جَزِيلاً. مُمْكِن سُؤَال. أَيْنَ أَجِدُ حَقِيبَتِي، مِن فَضْلِك؟
٧	الشُّرْطِي:	أَمَامَ الْبَوَّابَة رَقَم أَرْبَعَة.
٨	مَارْتِن:	شُكْرًا. صَالَة الْوُصُول جَمِيلَة وَصَالَة الْمُغَادَرَة أيضًا. مَطَار الْقَاهِرَة نَظِيف وَحَدِيث.

Grammatik – الْقَوَاعِد

G 1) Die Verben mit R_3 = ي mit Nennform auf -ā – ى

Zu den schwachen Verben gehören v.a. die Verben, bei denen einer der Radikale aus einem Halbvokal oder einem ء (*hamza*) besteht. Bei den Verben mit einem ي als drittem Radikal (R_3) wird zudem zwischen zwei Untergruppen unterschieden.
Die meisten schwachen Verben bereiten relativ geringe Probleme beim Durchkonjugieren, wenn man zu einem bestimmten Stamm bestimmte Grundformen kennt. Verben mit einem schwachen Konsonanten beim dritten Radikal (R_3) weisen jedoch bestimmte Besonderheiten auf.
An dieser Stelle sollen dabei lediglich die Verben mit ي als drittem Radikal (R_3) behandelt werden, deren Nennform im Grundstamm auf -ā – ى endet.

Im *Perfekt* wird das ي vor konsonantisch beginnenden Endungen zu dem Diphthong *-ay* – يْ abgewandelt. Vor der Endung der 3. Person Femininum Singular entfällt das ي ersatzlos, während es zusammen mit der Endung der 3. Person Maskulinum Plural zu einem *-aw* – وْا verschmilzt.

Im *Präsens* wird das ي in den meisten Fällen zu einem *-ī* – ي. Die Endungen, die lediglich aus einem Kurzvokal bestehen, entfallen. Die konsonantisch beginnenden Endungen werden an das ي angehängt, während bei der Endung *-īna* – ينَ das ي nur einmal geschrieben wird und bei der Endung *-ūna* – ونَ es vollkommen entfällt.

Beim *Konjunktiv* werden dagegen auch die regulären Kurzendungen angefügt, während die Endungen mit langem Vokal analog zum Indikativ des Präsens behandelt werden.

weinen – (أَنَا بَكَيْتُ، يَبْكِي) بَكَى			
	Perfekt	**Präsens**	**Konjunktiv**
1. Sg.	**bakay***tu* – بَكَيْتُ **R_1aR_2ay***tu* (ich weinte)	›*a***bkī** – أَبْكِي ›**aR_1R_2ī** (ich weine)	›*a***bkiy***a* – أَبْكِيَ ›**aR_1R_2iy***a*
2. m. Sg.	**bakay***ta* – بَكَيْتَ **R_1aR_2ay***ta* (du weintest)	*t***abkī** – تَبْكِي *t***aR_1R_2ī** (du weinst)	*t***abkiy***a* – تَبْكِيَ *t***aR_1R_2iy***a*
2. f. Sg.	**bakay***ti* – بَكَيْتِ **R_1aR_2ay***ti* (du weintest)	*t***abk***īna* – تَبْكِينَ *t***aR_1R_2***īna* (du weinst)	*t***abk***ī* – تَبْكِي *t***aR_1R_2***ī*
3. m. Sg.	**bakā** – بَكَى **R_1aR_2ā** (er weinte)	*y***abkī** – يَبْكِي *y***aR_1R_2ī** (er weint)	*y***abkiy***a* – يَبْكِيَ *y***aR_1R_2iy***a*
3. f. Sg.	**bak***at* – بَكَتْ **R_1aR_2***at* (sie weinte)	*t***abkī** – تَبْكِي *t***aR_1R_2ī** (sie weint)	*t***abkiy***a* – تَبْكِيَ *t***aR_1R_2iy***a*

1. Pl.	**bakay***nā* – بَكَيْنَا **R_1aR_2ay***nā* (wir weinten)	*n***abkī** – يَبْكِي *n***aR_1R_2ī** (wir weinen)	*n***abkiy***a* – يَبْكِيَ *n***aR_1R_2iy***a*
2. m. Pl.	**bakay***tum* – بَكَيْتُمْ **R_1aR_2ay***tum* (ihr weintet)	*t***abk***ūna* – تَبْكُونَ *t***aR_1R_2***ūna* (ihr weint)	*t***abk***ū* – تَبْكُوا *t***aR_1R_2***ū*
2. f. Pl.	**bakay***tunna* – بَكَيْتُنَّ **R_1aR_2ay***tunna* (ihr weintet)	*t***abkī***na* – تَبْكِينَ *t***aR_1R_2ī***na* (ihr weint)	*t***abkī***na* – تَبْكِينَ *t***aR_1R_2ī***na*
3. m. Pl.	**baka***w* – بَكَوْا **R_1aR_2a***w* (sie weinten)	*y***abk***ūna* – يَبْكُونَ *y***aR_1R_2***ūna* (sie weinen)	*y***abk***ū* – يَبْكُوا *y***aR_1R_2***ū*
3. f. Pl.	**bakay***na* – بَكَيْنَ **R_1aR_2ay***na* (sie weinten)	*y***abkī***na* – يَبْكِينَ *y***aR_1R_2ī***na* (sie weinen)	*y***abkī***na* – يَبْكِينَ *y***aR_1R_2ī***na*

Bei den erweiterten Stämmen folgen sämtliche Verben mit ي als drittem Radikal zumindest im Perfekt, aber bei den Stämmen, in denen beim starken Verb im Präsens der 2. Radikal mit einem *i* vokalisiert wird, auch im Präsens diesem Schema und werden analog durchkonjugiert.

G 2) Der Plural

In der arabischen Sprache wird zwischen zwei Arten der Pluralbildung unterschieden. Zum einen gibt es den *gesunden Plural*, der durch das Anhängen regelmäßiger Suffixe gebildet wird, zum anderen den *gebrochenen Plural*, bei dem sich die Vokalstruktur des Wortes verändert.

a) Der gesunde Plural

Die Endung für den gesunden Plural im *Maskulinum* lautet im Nominativ *-ūn* – ـُونَ und im Akkusativ und Genitiv *-īn* – ـِينَ. Im dialektalen Bereich wird gelegentlich die Endung *-īn* – ـِين auch für den Nominativ benutzt.

Wird eine solche Form als 1. Glied einer Genitivphrase oder mit Possessivsuffix verwendet, so verliert sie grundsätzlich das *-n* – ن und wird somit zu *-ū* – ـُو bzw. *-ī* – ـِي. Die Verbindung mit dem Possessivsuffix der 1. Person Singular ergibt grundsätzlich *-iyya* – ـِيَّ.

Die Endung für den gesunden Plural im *Femininum* lautet *-āt* – ـَات. Als Bindevokal für die konsonantisch beginnenden Possessivsuffixe wird hier im Nominativ ein *-u* (ـُ) und im Akkusativ und Genitiv ein *-i* (ـِ) verwendet.

Neben den regulären Femina bilden auch viele Lehnwörter, die im Singular keine Femininendung besitzen, den Plural auf *-āt* – ـَات (z.B. *tilifūnāt* – تِلِفُونَات).

	Maskulinum	**Femininum**
Nominativ	الْمُدَرِّسُون *al-mudarrisūn* (die Lehrer)	الْمُدَرِّسَات *al-mudarrisāt* (die Lehrerinnen)
Genitiv (= Akkusativ)	لِلْمُدَرِّسِين *li-l-mudarrisīn* (für die Lehrer)	لِلْمُدَرِّسَات *li-l-mudarrisāt* (für die Lehrerinnen)
mit Suffix im Nominativ	مُدَرِّسُوهُ *mudarrisūhu* (seine Lehrer)	مُدَرِّسَاتُهُ *mudarrisātuhu* (seine Lehrerinnen)
mit Suffix im Genitiv	لِمُدَرِّسِيهِ *li-mudarrisīhi* (für seine Lehrer)	لِمُدَرِّسَاتِهِ *li-mudarrisātihi* (für seine Lehrerinnen)
mit Suffix der 1. Person Sg.	مُدَرِّسِيَّ *mudarrisiyya* (meine Lehrer)	مُدَرِّسَاتِي *mudarrisātī* (meine Lehrerinnen)

in der Genitivphrase im Nominativ	مُدَرِّسُو الْمَدْرَسَة *mudarrisu l-madrasa* (die Lehrer der Schule)	مُدَرِّسَات الْمَدْرَسَة *mudarrisāt al-madrasa* (die Lehrerinnen der Schule)
in der Genitivphrase im Genitiv	مُدَرِّسِي الْمَدْرَسَة *li-mudarrisi l-madrasa* (für die Lehrer der Schule)	لِمُدَرِّسَات الْمَدْرَسَة *li-sā›iqāt al-madrasa* (für die Lehrerinnen der Schule)

Aufgrund ihrer Regelmäßigkeit werden die gesunden Plurale in den Vokabellisten dieses Buches nur dann angegeben, wenn sie alternativ zu einem gebrochenen Plural benutzt werden können.

b) Der gebrochene Plural

Sehr viele Nomina (Substantive und Adjektive) der arabischen Sprache bilden ihren Plural jedoch dadurch, daß sie ihre Vokalstruktur verändern. Dieses Phänomen bezeichnet man als *gebrochenen Plural*. Diese Pluralbildung folgt dabei nach bestimmten Mustern, von denen es allerdings über 30 gibt und die nicht immer aus der Vokalfolge des Singulars abgeleitet werden können. Sie sind lexikalisch bedingt und müssen daher mitgelernt werden.

Zur Veranschaulichung sollen hier einige dieser Muster mit Beispielen aufgeführt werden:

Muster der Pluralbildung	**Beispiele**	
	Singular	**Plural**
مَفَاعِل mafā‹il – ma$\mathbf{R_1}$ā$\mathbf{R_2}$i$\mathbf{R_3}$	*maktab* – مَكْتَب (Büro)	*makātib* – مَكَاتِب
	maṭ‹am – مَطْعَم (Restaurant)	*maṭā‹im* – مَطَاعِم
	maṣna‹ – مَصْنَع (Fabrik)	*maṣāni‹* – مَصَانِع

	masğid – مَسْجِد (Moschee)	*masāğid* – مَسَاجِد
	matḥaf – مَتْحَف (Museum)	*matāḥif* – مَتَاحِف
	madrasa – مَدْرَسَة (Schule)	*madāris* – مَدَارِس
فَعَاعِيل **fa‹ā‹īl – R$_1$aR$_2$āR$_2$īR$_3$**	*šubbāk* – شُبَّاك (Fenster)	*šabābīk* – شَبَابِيك
فُعَّال **fu‹‹āl – R$_1$uR$_2$R$_2$āR$_3$**	*tāğir* – تَاجِر (Kaufmann)	*tuğğār* – تُجَّار
	ṭālib – طَالِب (Student)	*ṭullāb* – طُلَّاب
فُعْلَان fu‹lān – **R$_1$uR$_2$R$_3$**ān	*qamīṣ* – قَمِيص (Hemd)	*qumṣān* – قُمْصَان
	balad – بَلَد (Land)	*buldān* – بُلْدَان
فُعُل **fu‹ul – R$_1$uR$_2$uR$_3$**	*safīna* – سَفِينَة (Schiff)	*sufun* – سُفُن
	madīna – مَدِينَة (Stadt)	*mudun* – مُدُن
فَعَائِل **fa‹ā›il – R$_1$aR$_2$ā›iR$_3$**	*kanīsa* – كَنِيسَة (Kirche)	*kanā›is* – كَنَائِس
أَفْعَال **af‹āl** – a**R$_1$R$_2$āR$_3$**	*sūq* – سُوق (Markt)	*aswāq* – أَسْوَاق
(R$_2$ (*w* – و) in beiden Beispielen schwach)	*bāb* – بَاب (Tür)	*abwāb* – أَبْوَاب

Im Bereich der Formenbildung, also auch bei Suffixen oder Genitivverbindungen, werden die gebrochenen Plurale wie Singularformen behandelt (z.B. *makātibuhu* – مَكَاتِبُهُ (seine Büros)). Dies gilt jedoch nicht für die Kongruenzregeln.

c) Die Demonstrativpronomina im Plural

Bei den beiden gängigen Demonstrativpronomina (*hāḏā* – هٰذَا und *ḏālika* – ذٰلِكَ) fallen im Plural die Formen des Maskulinum und des Femininum jeweils zusammen. D.h. jedes der beiden Wörter besitzt lediglich eine Pluralform, die für beide Genera gültig ist.

Funktion		Form	Übersetzung
örtlich bzw. zeitlich Näherliegendes	Pl.	*hā›ulā›i* – هٰؤُلَاءِ	diese
örtlich bzw. zeitlich Fernerliegendes	Pl.	*ūla›ika* – أُولٰئِكَ	jene

d) Die Kongruenzregeln im Plural bei Adjektiven und Demonstrativpronomina

Bei den Kongruenzregeln zwischen Substantiv und Adjektiv bzw. Demonstrativpronomen wird im Plural unterschieden, ob es sich bei dem Substantiv um eine Bezeichnung für eine Person handelt oder nicht.

Bezeichnet das Substantiv *Personen*, so müssen Substantiv und Adjektiv in Genus (Geschlecht), Numerus (Anzahl) und Kasus (Fall) übereinstimmen. Handelt es sich dagegen um *Nicht-Personen*, so wird das Substantiv wie ein Femininum im Singular behandelt, weswegen alle sich darauf beziehenden Adjektive im Femininum Singular stehen müssen. Im übrigen gilt jedoch die Übereinstimmung im Kasus.

Bezieht sich ein Adjektiv oder Demonstrativpronomen auf mehrere Substantive, so werden sie in ihrer Gesamtheit wie ein Plural behandelt. Bezeichnen diese Substantive sowohl weibliche als auch männliche Personen, so müssen sie wie in den indoeuropäischen Sprachen wie ein Maskulinum im Plural behandelt werden.

Diese Regeln gelten dabei sowohl für Adjektive in attributiver Stellung als auch im Nominalsatz. Des weiteren fallen auch u.a. die Demonstrativpronomina, aber auch die Personalpronomina und Personalsuffixe, die sich sich auf einen dementsprechenden Plural beziehen, unter diese Regeln.

	Maskulinum	**Femininum**
Personen	طُلَّاب جَيِّدُون *ṭullāb ǧayyidūn* (gute Studenten)	طَالِبَات جَيِّدَات *ṭālibāt ǧayyidāt* (gute Studentinnen)
	طُلَّاب وَطَالِبَات جَيِّدُون *ṭullāb wa-ṭālibāt ǧayyidūn* (gute Studenten und Studentinnen)	
	الطُّلَّاب جَيِّدُون *aṭ-ṭullāb ǧayyidūn* (die Studenten sind gut)	الطَّالِبَات جَيِّدَات *aṭ-ṭālibāt ǧayyidāt* (die Studentinnen sind gut)
	هَؤُلَاءِ الطُّلَّاب *hā›ulā›i ṭ-ṭullāb* (diese Studenten)	هَؤُلَاءِ الطَّالِبَات *hā›ulā›i ṭ-ṭālibāt* (diese Studentinnen)
Nicht-Personen	كُتُب جَيِّدَة *kutub ǧayyida* (gute Bücher)	مَكْتَبَات جَيِّدَة *maktabāt ǧayyida* (gute Büchereien)
	الْكُتُب جَيِّدَة *al-kutub ǧayyida* (die Bücher sind gut)	الْمَكْتَبَات جَيِّدَة *al-maktabāt ǧayyida* (die Büchereien sind gut)
	هَذِهِ الْكُتُب *hāḏihi l-kutub* (diese Bücher)	هَذِهِ الْمَكْتَبَات *hāḏihi l-maktabāt* (diese Büchereien)
	أُحِبُّهَا (الْكُتُب) *uḥibbu-hā* (*al-kutub*) ich liebe sie (die Bücher)	أُحِبُّهَا (الْمَكْتَبَات) *uḥibbu-hā* (*al-maktabāt*) ich liebe sie (die Büchereien)

e) Die Kongruenzregeln im Plural bei Verben

Bei den Kongruenzregeln zwischen Verb und Subjekt im Plural wird unterschieden, ob das Subjekt *vor* oder *nach* dem Verb steht.
Steht das Verb *hinter* seinem Subjekt, so müssen beide in Genus (Geschlecht) und Numerus (Anzahl) übereinstimmen. Dabei werden Subjekte im Plural, die eine Nicht-Person bezeichnen, wie ein Femininum im Singular behandelt, so daß sie mit einem Verb im Femininum Singular verbunden werden müssen.
Bezieht sich das Verb auf mehrere Substantive, so werden sie in ihrer Gesamtheit wie ein Plural behandelt. Bezeichnen diese Substantive sowohl weibliche als auch männliche Personen, so müssen sie wie in den indoeuropäischen Sprachen wie ein Maskulinum im Plural behandelt werden.
Steht das Verb dagegen *vor* seinem Subjekt, so muß es grundsätzlich im Singular des gleichen Genus bzw. bei Subjekten im Plural, die eine Nicht-Person bezeichnen, im Femininum Singular stehen.

	Verb nach Subjekt	**Verb vor Subjekt**
Personen	الْمُعَلِّمُون يُدَرِّسُونَ *al-mu‹allimūn yudarrisūna* (die Lehrer unterrichten)	يُدَرِّسُ الْمُعَلِّمُون *yudarrisu l-mu‹allimūn* (die Lehrer unterrichten)
	الْمُعَلِّمَات يُدَرِّسْنَ *al-mu‹allimāt yudarrisna* (die Lehrerinnen unterrichten)	تُدَرِّسُ الْمُعَلِّمَات *tudarrisu l-mu‹allimāt* (die Lehrerinnen unterrichten)
	الْمُعَلِّمُون وَالْمُعَلِّمَات يُدَرِّسُونَ *al-mu‹allimūn wa-l-mu‹allimāt yudarrisūna* (die Lehrer und Lehrerinnen unterrichten)	يُدَرِّسُ الْمُعَلِّمُون وَالْمُعَلِّمَات *yudarrisu l-mu‹allimūn wa-l-mu‹allimāt* (die Lehrer und Lehrerinnen unterrichten)
Nicht-Personen	الْكُتُب تُدَرِّسُ *al-kutub tudarrisu* (die Bücher unterrichten)	تُدَرِّسُ الْكُتُب *tudarrisu l-kutub* (die Bücher unterrichten)

G 3) Gattungskollektiva

Als *Kollektiva* (Sammelbegriffe) werden Wörter bezeichnet, die formal im Maskulinum Singular stehen, zugleich jedoch nicht einen einzelnen Gegenstand bezeichnen, sondern eine Menge untereinander gleicher bzw. ähnlicher Gegenstände. Am häufigsten werden solche Kollektiva zur Bezeichnung von Gattungen v.a. von Tieren und Pflanzen verwendet. Diese speziellen Kollektiva werden auch *Gattungskollektiva* genannt. Man kann sie am besten mit deutschen Begriffen wie *der Mensch, die Fauna, die Flora* oder *das Obst* vergleichen.

Die *Gattungskollektiva* bezeichnen dabei immer eine *unbestimmte* bzw. *nicht abgezählte* Menge von Einzelexemplaren. In bezug auf die Kongruenzregeln werden sie in der Regel wie Plurale behandelt. Zur Bezeichnung eines *Einzelexemplars* dieser Gattung kann ein sogenanntes *Nomen unitatis* abgeleitet werden, indem an die Ausgangsform die Endung des Femininum Singular *-a* – ـَة angehängt wird. Zu dem *Nomen unitatis* kann schließlich wiederum ein (meistens regelmäßiger) Plural gebildet werden, der zur Bezeichnung einer *bestimmten* bzw. *abgezählten Menge von Einzelexemplaren* dient.

	Beispiel
Kollektivum = Gattungsbegriff (nicht abgezählte Menge)	*burtuqāl* – بُرْتُقَال (Orangen) *kīlū burtuqāl* – كِيلُو بُرْتُقَال (ein Kilo Orangen)
Nomen unitatis = Einzelexemplar	*burtuqāla* – بُرْتُقَالَة (eine Orange)
Plural (abgezählte Menge)	*ṯalāṯ burtuqālāt* – ثَلَاث بُرْتُقَالَات (drei Orangen)

G 4) Die Kardinalzahlen von 0 bis 10

Wie in den indoeuropäischen Sprachen wird auch in den semitischen Sprachen zwischen den *Kardinalzahlen* (*eins*, *zwei*, *drei* ...) und den *Ordinalzahlen* bzw. *Ordnungszahlen* (*erster*, *zweiter*, *dritter* ...) unterschieden.

a) Die Zahlen von 0 bis 10 in abstrakter Zählung

Die Kardinalzahlen von 0 bis 10 lauten dabei in ihrer *abstrakten Zählung*, d.h. wenn sie nicht mit einem Bezugswort verbunden werden:

0	*ṣifr* – صِفْر		
1	*wāḥid* – وَاحِد	6	*sitta* – سِتَّة
2	*iṯnān* – اِثْنَان	7	*sab‹a* – سَبْعَة
3	*ṯalāṯa* – ثَلَاثَة	8	*ṯamāniya* – ثَمَانِيَة
4	*arba‹a* – أَرْبَعَة	9	*tis‹a* – تِسْعَة
5	*ḫamsa* – خَمْسَة	10	*‹ašara* – عَشَرَة

Grundsätzlich werden bei der abstrakten Zählung die Formen benutzt, die auch in Verbindung mit einem Bezugswort im Maskulinum stehen würden.

b) Die Hindi-Ziffern

Auch wenn die in Europa üblichen Ziffern in der Regel als *arabische Ziffern* bezeichnet werden, so werden diese jedoch hauptsächlich nur in der westarabischen Region (Westafrika) verwendet. Im ostarabischen Raum konnten sich dagegen schon seit Jahrhunderten die aus Indien stammenden *Hindi-Ziffern* durchsetzen. Auch sie funktionieren nach dem in Europa gängigen Dezimalsystem und werden von links nach rechts geschrieben. Sie lauten:

Arabisch	0	1	2	3	4	5	6	7	8	9
Hindi	٠	١	٢	٣	٤	٥	٦	٧	٨	٩

c) Die Verwendung der Zahlen von 0 bis 2

Die Zahlwörter für 0, 1 und 2 (*ṣifr* – صِفْر, *wāḥid* – وَاحِد und *iṯnān* – اِثْنَان) werden wie reguläre Adjektive benutzt. Dies bedeutet auch, daß sie denselben Kongruenzregeln wie diese unterliegen. Ihre Formen lauten dabei:

	0	**1**	**2**
Maskulinum	*ṣifr* – صِفْر	*wāḥid* – وَاحِد	*iṯnān* – اِثْنَان
Femininum	*ṣifra* – صِفْرَة	*wāḥida* – وَاحِدَة	*iṯnatān* – اِثْنَتَان

	Beispiele
Maskulinum	*sayyid wāḥid* – سَيِّد وَاحِد (ein Herr)
Femininum	*sayyida wāḥida* – سَيِّدَة وَاحِدَة (eine Dame)

Es soll hier noch explizit darauf hingewiesen werden, daß zwischen dem Zahlwort *eins* und dem unbestimmten Artikel *ein* unterschieden werden muß, da das arabische Wort *wāḥid* – وَاحِد niemals die Funktion des deutschen unbestimmten Artikels übernehmen kann.

In Verbindung mit dem Zahlwort *iṯnān* – اِثْنَان werden beim Bezugswort spezielle Formen des Substantivs benötigt, die jedoch hier noch nicht behandelt werden sollen. Allerdings wird aufgrund dieser speziellen Form, die schon für sich die Zweizahl explizit ausdrückt, das Zahlwort für *zwei* kaum in Verbindung mit einem Substantiv benutzt.

d) Die Verwendung der Zahlen von 3 bis 10

Bei den Zahlwörtern von 3 bis 10 handelt es sich im Gegensatz zu den vorangegangenen formal um Substantive. Sie bilden mit ihrem Bezugswort eine Genitivphrase, bei der das Zahlwort das erste und das Bezugswort das zweite Glied bildet. Dabei wird das Bezugswort im Plural und ohne Determination (Artikel) verwendet.

Zusätzlich muß beim Zahlwort die in den semitischen Sprachen übliche Regel der *Polarität* beachtet werden. Dies bedeutet, daß bei Zahlen von 3 bis 10 in

Verbindung mit Maskulina immer die Form mit der für das Femininum typischen Endung und in Verbindung mit Feminina die Form mit der für das Maskulinum typischen Endung benutzt wird.

Zahl	Bezugswort		Zahl
	im Maskulinum	**im Femininum**	
3	ثَلَاثَة سَادَة *ṯalāṯat sāda*	ثَلَاث سَيِّدَات *ṯalāṯ sayyidāt*	٣
4	أَرْبَعَة سَادَة *arbaʿat sāda*	أَرْبَع سَيِّدَات *arbaʿ sayyidāt*	٤
5	خَمْسَة سَادَة *ḫamsat sāda*	خَمْس سَيِّدَات *ḫams sayyidāt*	٥
6	سِتَّة سَادَة *sittat sāda*	سِتّ سَيِّدَات *sitt sayyidāt*	٦
7	سَبْعَة سَادَة *sabʿat sāda*	سَبْع سَيِّدَات *sabʿ sayyidāt*	٧
8	ثَمَانِيَة سَادَة *ṯamāniyat sāda*	ثَمَانِي سَيِّدَات *ṯamānī sayyidāt*	٨
9	تِسْعَة سَادَة *tisʿat sāda*	تِسْع سَيِّدَات *tisʿ sayyidāt*	٩
10	عَشَرَة سَادَة *ʿašarat sāda*	عَشَر سَيِّدَات *ʿašar sayyidāt*	١٠

e) Zahlwörter in Verbindung mit der Determination

Grundsätzlich können Zahlwörter auch determiniert werden. Soll ein determiniertes Zahlwort mit einem Bezugswort verbunden werden, so wird dieses im Gegensatz zum Standardfall determiniert vorangestellt. Dabei gelten für das Zahlwort grundsätzlich die Kongruenzregeln des Standardfalls

	Beispiele
isoliert	*aṯ-ṯalāṯa* – الثَّلاَثَة (die drei)
mit Bezugswort	*as-sāda ṯ-ṯalāṯa* – السَّادَة الثَّلاَثَة (die drei Herren)
	as-sayyidāt aṯ-ṯalāṯ – السَّيِّدَات الثَّلاَث (die drei Damen)

G 5) Adverbien

In der Regel werden in der arabischen Sprache *Adverbien* von Nomina (Substantiven oder Adjektiven) durch das Anhängen der Endung *-an* – ـًا (= Akkusativendung) abgeleitet. Von formaler Seite her kann man sie am besten als *adverbielle Akkusative* bezeichnen (vgl. den *accusativus graecus* im Lateinischen und Altgriechischen).

Einige der Adverbien sind in der folgenden Tabelle zusammengefaßt:

immer	*dā›iman*	دَائِمًا
ständig, immer	*dawman*	دَوْمًا
selten	*nādiran*	نَادِرًا
wenig	*qalīlan*	قَلِيلاً
sehr; oft; viel	*kaṯīran*	كَثِيرًا
wöchentlich	*usbū‹iyyan*	أُسْبُوعِيًّا
täglich	*yawmiyyan*	يَوْمِيًّا
eines Tages	*yawman*	يَوْمًا
heute	*al-yawm*	الْيَوْم
jetzt	*al-ān*	الآن

Vokabeln – الْمُفْرَدَات

Wendungen und Wörter aus dem Grammatikteil (G 2b, G 4a und G 5) werden hier nicht gesondert aufgeführt!

Freitag	*ğum‹a / yawm al-ğum‹a*	جُمْعَة / يَوْم الْجُمْعَة
nach [temporal]	*ba‹da*	بَعْدَ
Teil; etwas; einige	*ba‹ḍ*; Pl.: *ab‹āḍ*	بَعْض؛ ج.: أَبْعَاض + Gen.
finden, antreffen	*wağada* [*yağidu*] (+ Akk.)	وَجَدَ [يَجِدُ] (ﻫ/ﻫ)
1.) Bedarf; Bedürfnis 2.) *Umgangssprache*: Sache, Ding	*ḥāğa*; Pl.: *ḥāğāt* / *ḥāğiyāt*	حَاجَة؛ ج.: حَاجَات / حَاجِيَات
Leben; Lebensart	*ma‹īša*	مَعِيشَة
wie, gleich wie	*miṯl*	مِثْل
Öl	*zayt*; Pl.: *zuyūt*	زَيْت؛ ج.: زُيُوت
Oliven	*zaytūn* (*al-wāḥida zaytūna*)	زَيْتُون (الْوَاحِدَة زَيْتُونَة)
Brot	*ḫubz*	خُبْز
Honig	*‹asal*; Pl.: *a‹sāl*	عَسَل؛ ج.: أَعْسَال
Marmelade	*marabbā*; Pl.: *marabbāt*	مَرَبَّى؛ ج.: مَرَبَّات
Butter	*zubd / zubda / zibda*	زُبْد / زُبْدَة / زِبْدَة
Gemüse; Grünzeug	*ḫuḍār* / *ḫaḍār*; Pl.: *ḫuḍrawāt* / *ḫaḍrawāt*	خُضَار / خَضَار؛ ج.: خُضْرَوَات / خَضْرَوَات
Fleisch	*laḥm*; Pl.: *luḥūm*	لَحْم؛ ج.: لُحُوم
Süßigkeit; Dessert	*ḥalwā*; Pl.: *ḥalāwā* / *ḥalawiyyāt*	حَلْوَى؛ ج.: حَلَاوَى / حَلَوِيَّات
Schuh	*ḥiḏā›*; Pl.: *aḥḏiya*	حِذَاء؛ ج.: أَحْذِيَة
Verkäufer	*bā›i‹*; Pl.: *bā›i‹ūn* / *bā‹a*	بَائِع؛ ج.: بَائِعُون / بَاعَة
Getränk	*mašrūb*; Pl.: *mašrūbāt*	مَشْرُوب؛ ج.: مَشْرُوبَات

rufen	*nādā* [*ana nādaytu, yunādī*] (+ Akk.)	نَادَى [أَنا نَادَيْتُ، يُنَادِي] (هـ/هـ)
Orangen	*burtuqāl* (*al-wāḥida burtuqāla*)	بُرْتُقَال (الْوَاحدَة بُرْتُقَالَة)
Limonen, Zitronen	*laymūn* (*al-wāḥida laymūna*)	لَيْمُون (الْوَاحِدَة لَيْمُونَة)
Dirham [Währung]	*dirham*; Pl.: *darāhim*	دِرْهَم؛ ج.: دَرَاهِم
Vorwärts! Los! Schnell! [umgangssprachlich]	*ya-llāh*	يَالله
schmackhaft, lecker	*laḏīḏ*	لَذِيذ
Stimme; Laut, Ton	*ṣawt*; Pl: *aṣwāt*	صَوْت؛ ج.: أَصْوَات
verkaufen	*bā‹ā* [*ana bi‹tu, yabī‹u*] (+ Akk.)	بَاعَ [أَنا بِعْتُ، يَبِيعُ] (هـ)
Obst	*fākiha*; Pl.: *fawākih*	فَاكِهَة؛ ج.: فَوَاكِه
singen; besingen	*ġannā* [*yuġannī*]	غَنَّى [يُغَنِّى]
anderer [m./f.]	*āḫar* / *uḫrā*; Pl.: *uḫar* / *āḫarūn*	آخَر / أُخْرَى؛ ج: أُخَر / آخَرُون
beten	*ṣallā* [*yuṣallī*]	صَلَّى [يُصَلِّي]
Boden; Erde	*arḍ* (f.); Pl.: *arāḍin* / *al-arāḍī*	أَرْض (م)؛ ج.: أَرَاضٍ / الأَرَاضِي
Kilo	*kīlū*; Pl.: *kīluwāt*	كِيلُو ؛ ج.: كِيلُوَات
bitte! [als Aufforderung; m./f.]	*min faḍlika* / *min faḍliki*	مِن فَضْلِكَ / مِن فَضْلِكِ
Fabrik; Betrieb	*maṣba‹*; Pl.: *maṣābi‹*	مَصْنَع؛ ج.: مَصَانِع
Moschee	*masǧid*; Pl.: *masāǧid*	مَسْجِد؛ ج.: مَسَاجِد
Tomaten	*ṭamāṭim* (*al-wāḥida ṭamāṭima*)	طَمَاطِم (الْوَاحِدَة طَمَاطِمَة)
Zwiebeln	*baṣal* (*al-wāḥida baṣala*)	بَصَل (الْوَاحِدَة بَصَلَة)
Gurken	*ḫiyār* (*al-wāḥida ḫiyāra*)	خِيَار (الْوَاحِدَة خِيَارَة)
Kopfsalat, Salat	*ḫass* (*al-wāḥida ḫassa*)	خَسّ (الْوَاحِدَة خَسَّة)

Reis	*ruzz*	رُزّ
Karawanserei; Khan	*ḫān*	خَان
Khan el-Khalili [traditionelles Markt-viertel in Kairo]	*Ḫān al-Ḫalīlī*	خَان الْخَلِيلِي
vorziehen, bevorzugen vor	*faḍḍala* [*yufaḍḍilu*] (+ Akk., *‹alā*)	فَضَّلَ [يُفَضِّلُ] (هـ/هـ عَلَى)
Volk	*ša‹b*; Pl.: *šu‹ūb*	شَعْب؛ ج.: شُعُوب
volkstümlich, populär	*ša‹biyy*	شَعْبِيّ
östlich; orientalisch; Orientale	*šarqiyy*	شَرْقِيّ
welcher? was für ein? [m./f.]	*ayy* / *ayya* (+ Gen.)	أَيّ / أَيَّة + Gen.
jordanisch; Jordanier	*urduniyy*	أُرْدُنِيّ
arbeiten	*ištaġala* [*yaštaġilu*]	اِشْتَغَلَ [يَشْتَغِلُ]
München	*Myūniḫ*	مْيُونِخ
Tourist	*sā›iḥ*; Pl.: *suyyāḥ* / *sā›iḥūn*	سَائِح؛ ج.: سُيَّاح / سَائِحُون
(das) Zurückhalten; Reservierung, Belegung; Beschlagnahme	*ḥaǧz*	حَجْز
Schrecken, Entsetzen	*hawl*; Pl.: *ahwāl*	هَوْل؛ ج.: أَهْوَال
der Vater des Schreckens [Name des Sphinx von Gizeh, aber auch für Sphingen im allgemeinen verwendet]	*abū l-hawl* [*Abū l-Hawl* / *Abū l-Hūl*]	أَبُو الْهَوْل / أَبُو الْهُول
Botschaft	*safāra*	سَفَارَة
treffen, begegnen, sich treffen mit	*iltaqā* [*ana iltaqaytu*, *yaltaqī*] (*bi*)	اِلْتَقَى [أَنَا اِلْتَقَيْتُ، يَلْتَقِي] (بِ)

Gedanke, Idee	*fikra*; Pl.: *afkār*	فِكْرَة؛ ج.: أَفْكَار
gut	*ğayyid*; Pl.: *ğayyidūn* / *ğiyād*	جَيِّد؛ ج.: جَيِّدُون / جِيَاد
Film	*fīlm*; Pl.: *aflām*	فِيلْم؛ ج.: أَفْلاَم
sehen, anschauen, betrachten, beobachten, besichtigen	*šāhada* [*yušāhidu*] (+ Akk.)	شَاهَدَ [يُشَاهِدُ] (هـ/هـ)
Komödien-	*kūmīdiyy*	كُومِيدِيّ
Schauspieler; Vertreter	*mumaṯṯil*	مُمَثِّل
zusammen, gemeinsam [Adv.]	*sawiyan*	سَوِيًّا
Kofta / Köfte [Hackfleischbällchen]	*kufta*	كُفْتَة
analog, entsprechend	*muwāfiq*	مُوَافِق
halb; Hälfte	*niṣf*; Pl.: *anṣāf*	نِصْف؛ ج.: أَنْصَاف
vor [lokal]	*amāma*	أَمَامَ
Seite	*ğānib*; Pl.: *ğawānib*	جَانِب؛ ج.: جَوَانِب
neben	*bi-ğānib*	بِجَانِب
Platz	*maydān*; Pl.: *mayādīn*	مَيْدَان؛ ج.: مَيَادِين
Pyramide	*haram*; Pl.: *ahrām* / *ahrāmāt*	هَرَم؛ ج.: أَهْرَام / أَهْرَامَات
Woche	*usbū‹*; Pl.: *asābī‹*	أُسْبُوع؛ ج.: أَسَابِيع
selten; ungewöhnlich; einmalig	*nādir*	نَادِر
wenig	*qalīl*; Pl.: *qalīlūn* / *aqilla* / *qalā›il*	قَلِيل؛ ج.: قَلِيلُون / أَقِلَّة / قَلاَئِل
Ausweis; Lizenz	*ğawāz*; Pl.: *ğawāzāt*	جَوَاز؛ ج.: جَوَازَات
Reisepaß	*ğawāz safar*; Pl.: *ğawāzāt safar*	جَوَاز سَفَر؛ ج.: جَوَازَات سَفَر
Polizist	*šurṭī*; Pl.: *šurṭa*	شُرْطِي؛ ج.: شُرْطَة

gut [Adv.]	*ǧayyidan*	جَيِّدًا
Fakultät	*kulliyya*	كُلِّيَّة
Aufenthalt	*iqāma*	إِقَامَة
Tasche; Koffer	*ḥaqība*; Pl.: *ḥaqā›ib*	حَقِيبَة؛ ج.: حَقَائِب
Tor; Einfahrt	*bawwāba*	بَوَّابَة
Zahl; Nummer	*raqam*; Pl.: *arqām*	رَقَم؛ ج.: أَرْقَام
Saal	*ṣāla*	صَالَة
Ankunft, Eintreffen	*wuṣūl*	وُصُول
(das) Verlassen; Abreise	*muġādara*	مُغَادَرَة
Flughafen, Flugplatz	*maṭār*; Pl.: *maṭārāt*	مَطَار؛ ج.: مَطَارَات
sauber	*naẓīf*; Pl.: *nuẓafā›*	نَظِيف؛ ج.: نُظَفَاء
weinen	*bakā* [*ana bakaytu, yabkī*]	بَكَى [أَنَا بَكَيْتُ، يَبْكِي]
Qatar	*Qaṭar*	قَطَر
Oman	*‹umān*	عُمَان
Mittag	*ẓuhr*	ظُهْر
Beschreibe!	*ṣif*	صِفْ
türkisch; Türke	*turkiyy*; Pl.: *atrāk*	تُرْكِيّ؛ ج.: أَتْرَاك
Khartum	*al-Ḫarṭūm*	الْخَرْطُوم
vor [Präp., temp.]	*qabl*	قَبْل
vorher	*min qabl*	مِن قَبْل
erwähnen, nennen, anführen; sich erinnern	*ḏakara* [*yaḏkuru*] (+ Akk.)	ذَكَرَ [يَذْكُرُ] (ه/ه)
erster [m./f.]	*awwal / ūlā*; Pl.: *awā›il / awwalūn*	أَوَّل / أُولَى؛ ج.: أَوَائِل / أَوَّلُون
Mal	*marra*	مَرَّة

vergangen; Vergangenheit [m./f.]	*māḍin* (*al- māḍī*) / *māḍiya*	مَاضٍ (الْمَاضِي) / مَاضِيَة
bestellen, reservieren	*ḥağaza* [*yaḥğuzu*] (+ Akk.)	حَجَزَ [يَحْجُزُ] (ه)

Übungen – تَمَارِين

Ü 1) Konjugieren Sie die folgenden Verben!

اِلْتَقَى (يَلْتَقِي)			نَادَى (يُنَادِي)			
Konjunktiv	**Präsens**	**Perfekt**	**Konjunktiv**	**Präsens**	**Perfekt**	
						أَنَا
						أَنْتَ
						أَنْتِ
						هُوَ
						هِيَ
						نَحْنُ
						أَنْتُم
						أَنْتُنَّ
						هُم
						هُنَّ

Ü 2) Bilden Sie zu den Länderbezeichnungen Adjektiva mittels Nisba-Suffix, und setzen Sie diese in den Plural

Nisba-Form				**Land**	
f. Pl.	**f. Sg.**	**m. Pl.**	**m. Sg.**		
				مِصْر	١
				الْعِرَاق	٢

				السُّودَان	٣
				الْمَغْرِب	٤
				تُونِس	٥
				سُورْيَا	٦
				الأُرْدُن	٧
				الْيَمَن	٨
				قَطَر	٩
				عُمَان	١٠

Ü 3) Bilden Sie aus den vorgegebenen Wörtern Sätze unter Verwendung der Demonstrativpronomina هَذَا und ذَلِكَ in ihrer jeweils korrekten Form!

Satz	Wort	
هَذَا الْكِتَاب جَمِيل. / ذَلِكَ الْكِتَاب جَمِيل.	كِتَاب	١
	كُتُب	٢
	رِجَال	٣
	طَالِبَات	٤
	سَيِّدَة	٥
	بَلَد	٦
	فُنْدُق	٧
	بَنَات	٨
	مَكْتَبَات	٩
	جَامِع	١٠
	طَبِيب	١١
	أَكْل	١٢
	مُهَنْدِسُون	١٣
	كَاتِب	١٤
	مُهَنْدِسَات	١٥

Ü 4) Vervollständigen Sie folgende *Sudokus* unter Verwendung von Hindi-Ziffern

Beim Sudoku *besteht das Spielfeld aus einem Gitter von 9 x 9 Feldern, das in neun Blöcke mit jeweils 3 x 3 Feldern unterteilt ist. In manchen von diesen sind schon Ziffern von 1 bis 9 vorgegeben. Das Ziel dieses Spieles besteht nun darin sämtliche Felder jeweils mit einer Ziffer von 1 bis 9 zu versehen, und zwar so, daß in jeder Zeile, jeder Spalte und jedem Block jede Ziffer nur ein einziges Mal vorkommt.*

٩				٤	٧	٥	٢	٣
		٤	٨	٢		٦	١	٧
٧				٥				
	٣	٥	٩			٧	٦	٢
٦	٤		٧	٨	٥			١
١		٧		٦		٤		
							٧	٦
	٧	٩						
		٦	٢	٧	٨	٣		٥

sehr leicht

		٥			٣			٧
٩		٣		٧		٨		٢
٧	١	٨	٢		٥		٦	
						٥	٢	
	٢	٤	٦	٨	٩	٧	٣	
١								٦
٤				٣		٦	٧	
	٨	٢	٧	٥				٤
٣								٥

leicht

		٥	٩				١	٦
٦	١			٥		٧	٣	
						٢		
		٦	٣			١	٨	
		٧			٤		٥	
٩				٢	١	٤		
		٩	٥	٣				
			٨		٩		٧	
٣	٧						٩	٨

mittel

٩	٤		٨				١	٦
					٩			٤
			٤					
		٣	٩	٢	٧			
								٢
	٧	١			٥	٦		
٣		٥					٩	
		٦				١		٧
	٩			٨			٦	

schwierig

Ü 5) Schreiben Sie die folgenden Zahlen auf arabisch aus!

ausgeschriebene Variante		Zahl	
Form für Feminina	Form für Maskulina		
		٣	١
		٩	٢
		٢	٣
		٥	٤
		٧	٥
		٦	٦
		١	٧
		٠	٨
		٤	٩
		٨	١٠
		١٠	١١

Ü 6) Schreiben Sie zu den folgenden Adverbien jeweils einen Satz!

Satz	Adverb	
	صَبَاحًا	١
	قَلِيلاً	٢
	نَادِرًا	٣
	يَوْمًا	٤
	أُسْبُوعِيًّا	٥
	الْيَوْم	٦
	دَوْمًا	٧
	الآن	٨
	يَوْمِيًّا	٩
	كَثِيرًا	١٠

	لَيْلاً	١١
	ظُهْرًا	١٢

Ü 7) Bilden Sie unter Verwendung der jeweils vorgegebenen Wörter ganze Sätze!

Satz	Wörter	
إِشْتَرَيْتُ يَوْم الْجُمُعَة مِن بَائِع الْفَاكِهَة فِي السُوق تُفَّاح.	بَائِع – الْجُمُعَة – سُوق	١
	قَلِيلاً – تَمْر – عَصِير	٢
	الْجَوّ – الْمَانْيَا	٣
	جَمِيل – أُكْتُوبَر – فِي	٤
	عَرَفَ – شَرْقِيّ – أَسْوَاق	٥
	خُبْز – يَوْم – كُلّ	٦
	مُسْتَشْفَى – مَدِينَة	٧
	شَقَّة – سَمِير – سَكَنَ	٨
	فَضَّلَ – مَعَ – ذَهَبَ	٩

Ü 8) Vokalisieren Sie die folgenden Sätze und übersetzen Sie sie ins Deutsche!

أسكن قريبًا من السوق.	١
مارتن يحب الزيتون بالجبنة.	٢
كريمة تسكن في مدينة القاهرة.	٣

٤	الأكل الألماني لذيذ جدًا.
٥	سأذهب أنا وسمير اليوم إلى المطعم اللبناني.

Ü 9) Schreiben Sie die folgenden Wortverbindungen und Sätze in arabischer Schrift!

	Umschrift	Arabisch
1	*Kāna yawm al-ǧum‹a ǧamīl.*	
2	*Mu‹allimāt karīmāt*	
3	*Ṯalāṯat awlād yaǧlisūna hunāka.*	
4	*Maktabāt turkiyya*	
5	*Muhandisūn miṣriyyūn*	
6	*Kalimāt ǧamīla*	
7	*Aḏhabu yawmiyyan ilā aš-šarika.*	
8	*Hāḏā raǧul qānūn.*	
9	*Al-madāris as-sūriyya*	

Ü 10) Schreiben Sie die folgenden Sätze auf Arabisch und übersetzen Sie sie!

	Umschrift	Arabisch	Übersetzung
1	*‹Indī ḥaǧz.*		
2	*Tašarraftu, yā šurṭī.*		
3	*Aštaġilu fī šarika.*		
4	*Azūru-ka ġadan.*		
5	*‹Indī kitāb almāniyy.*		
6	*Ana sā›iḥ fī l-Yaman.*		

7	*Hal anti tāǧira?*		
8	*Ayna Abu l-Hūl?*		
9	*Li-māḏā tazūrīna l-ahrām?*		
10	*Mumkin su›āl?*		

Ü 11) Übersetzen Sie die folgenden Sätze ins Deutsche!

يَأْكُلُ مُحَمَّد فَلاَفِل وَفُول.	١
يَسْكُنُ مَارْتِن فِي شَقَّة مَعَ أُسْرَتِهِ.	٢
يَحْجِزُ سَمِير غُرْفَة فِي فُنْدُق.	٣
سَمِير عِنْدَهُ جَوَاز سَفَر أُرْدُنِيّ.	٤
تَعَلَّمْتُ الْعَرَبِيّة فِي كُلِّيَّة اللُّغَات بِبُون.	٥
أَيْنَ أَجِدُ الصَّالَة رَقَم عَشَرَة؟	٦
كَيْفَ الْجَوّ فِي أَفْرِيقْيَا؟	٧
هَذِهِ فِكْرَة مُمْتَازَة.	٨
هَل تَعْرِفُ مُمَثِّل فِرَنْسِيّ؟	٩

١٠	أُسَافِرُ إِلَى مِصْر كَثِيرًا.
١١	أَزُورُ صَدِيقِي نَادِرًا.
١٢	شُفْتُ سُيَّاح كَثِيرين فِي الأُقْصُر.
١٣	أَدْرُسُ اللُّغَة الْعَرَبِيَّة دَائِمًا.

Ü 12) Übersetzen Sie die folgenden Sätze ins Arabische!

1	Gibt es einen großen Markt in der Stadt Kairo?
2	Ich kaufe oft Lebensmittel auf dem Markt in meiner Stadt.
3	Der Markt in der Stadt Amman ist groß, schön und alt.
4	Ich kaufe selten Gemüse vom Verkäufer Mustafa.
5	Einer singt immer, und der andere schreibt gerade einen Brief.
6	Willst du mit mir wöchentlich ins Restaurant der Universität gehen?
7	Ich gehe täglich nach der Schule ins türkische Bad.
8	Ich mag das arabische Essen nicht so sehr.
9	Ich trinke jeden Morgen Orangensaft.

10	Haben Sie einen arabischen Reisepaß?
11	Wo haben Sie Arabisch gelernt?
12	Magst du Falafel essen?
13	Ich bin einverstanden. Morgen am großen Pyramiden-Platz.
14	Angenehm! Schönen Aufenthalt in Kairo!
15	Die sudanesische Hauptstadt Khartum ist sehr groß.
16	Wir treffen uns morgen in einem modernen Kino.
17	Willst du die Pyramiden besuchen?
18	Ich kenne einen ägyptischen Schauspieler.

Ü 13) Beantworten Sie die folgenden (unvokalisierten) Fragen zum Text 1!

إلى أين تذهب كريمة؟	١
ومتى؟	٢
أيْن تسكن كريمة؟	٣

٤	صف السوق الكبيرة في مدينة فاس.
٥	ماذا نجد في هذه السّوق؟
٦	ماذا تشتري كريمة؟
٧	ماذا يفعل بائع المشروبات؟
٨	من سألت كريمة؟
٩	وماذا قالت له؟

Ü 14) Beantworten Sie die folgenden Fragen zum Text 2!

١	كَيْفَ مَدِينَة الْقَاهِرَة؟
٢	مَاذَا يُوجَدُ فِيهَا؟
٣	هَل فِيهَا مُسْتَشْفَيَات؟
٤	مَاذَا يُحِبُّ مَارْتِن؟
٥	مَاذَا يُفَضِّلُ مَارْتِن؟

٦	مَعَ مَن يَذْهَبُ مَارْتِن وَإِلَى أَيْنَ؟
٧	مَا اسْمُ السُّوق الشَّعبِيَّة فِي الْقَاهِرَة؟
٨	مَاذَا يُوجَدُ فِي السُّوق؟
٩	هَل الْقَاهِرَة مَدِينَة حَدِيثَة؟
١٠	هَل زُرْتَ بَلَد عَرَبِيّ؟

Ü 15) Beantworten Sie die folgenden Fragen zum Text 3!

١	أَيْنَ قَابَلَ مَارْتِن سَمِير؟
٢	مَاذَا وَأَيْنَ يَشْتَغِلُ سَمِير؟
٣	أَيْنَ يَعْمَلُ مَارْتِن؟
٤	مَاذَا يَفْعَلُ مَارْتِن فِي الْقَاهِرَة؟
٥	مَاذَا يَفْعَلُ سَمِير فِي الْقَاهِرَة؟
٦	أَيْنَ يَسْكُنُ سَمِير؟
٧	فِي أَيّ مَكَان يَسْكُنُ مَارْتِن؟
٨	هَل يَعْمَلُ أَبُو مَارْتِن فِي الْمَطَار؟

٩	مَا مِهْنَتُهُ؟
١٠	كَيْفَ مَطَار الْقَاهِرَة؟

Ü 16) Beantworten Sie die folgenden Fragen zum Text 4!

١	هَل تَعْرِفُ السِّينِمَا الْعَرَبِيَّة؟
٢	هَل شَاهَدْتَ فِيلْم عَرَبِيّ مِن قَبْل؟
٣	هَل تَعْرِفُ اسْم مُمَثِّل مِصْرِيّ؟
٤	هَل تَعْرِفُ عُمَر الشَّرِيف؟
٥	مَا جِنْسِيَّتُهُ؟
٦	هَل يَلْتَقِي مَارْتِن سَمِير؟
٧	هَل يُحِبُّ مَارْتِن الأَكْل الْعَرَبِيّ؟
٨	أَيْنَ يَلْتَقِي مَارْتِن سَمِير؟

Ü 17) Beantworten Sie die folgenden Fragen zum Text 5!

١	مَاذَا سَأَلَ الشُّرْطِي مَارْتِن؟

٢	هَل يَتَكَلَّمُ مَارْتِن اللُّغَة الْعَرَبِيَّة؟
٣	أَيْنَ دَرَسَ مَارْتِن الْعَرَبِيَّة؟
٤	أَيْنَ يَجِدُ مَارْتِن حَقِيبَتَهُ؟
٥	مَاذَا يُوجَدُ فِي مَطَار الْقَاهِرَة؟

Ü 18) Übernehmen Sie die Rolle des Dolmetschers!

1	Karima:	*Ahlan. ana Karīma. sa-aḏhabu yawm al-ğum‹a ila s-sūq.*
	Dolmetscher:	
2	Martin:	Was machst du auf dem Markt?
	Dolmetscher:	
3	Karima:	*Sa-aštarī ašyā› kaṯīra, miṯl ṭamāṭim, marabbā, zaytūn wa ba‹ḍa ḏālika l-malābis fi s-sūq aš-ša‹biyya.*
	Dolmetscher:	
4	Martin:	Kaufst du auch Obst?
	Dolmetscher:	
5	Karima:	*Na‹am, sa-aštarī kīlū tuffāḥ wa kīlū burtuqāl.*
	Dolmetscher:	
6	Martin:	Bist du am Freitag den ganzen Tag zu Hause?
	Dolmetscher	
7	Karima:	*Na‹am, li-māḏā?*
	Dolmetscher:	
8	Martin:	Es gibt ein libanesisches Restaurant in der Stadtmitte. Willst du mit mir essen gehen?
	Dolmetscher:	

9	Karima:	*Na‹am, bikull surūr. ana uḥibbu al-akl aš-šarqiyy kaṯīran.*
	Dolmetscher:	
10	Martin:	Sehr gut. Also dann bis Freitag in der Stadt vor dem Restaurant.
	Dolmetscher:	

Ü 19) Übernehmen Sie die Rolle des Dolmetschers!

1	Polizist:	*Ahlan wa sahlan, yā sayyid.*
	Dolmetscher:	
2	Martin:	Guten Tag.
	Dolmetscher:	
3	Polizist:	*Hal anta hūlandiyy*?
	Dolmetscher:	
4	Martin:	Nein, ich bin Deutscher aus München.
	Dolmetscher:	
5	Polizist:	*Ğawāz as-safar, min faḍlika!*
	Dolmetscher:	
6	Martin:	Bitte schön!
	Dolmetscher	
7	Polizist:	*Hal tazūru al-Qāhira li-awwal marra*?
	Dolmetscher:	
8	Martin:	Nein. Ich war auch im vergangenen Jahr hier.
	Dolmetscher:	
9	Polizist:	*Hal la-ka ḥağz fī funduq*?
	Dolmetscher:	

10	Martin:	Nein. Ich werde mit meiner Familie in einer Wohnung im Zentrum (der Stadt) wohnen.
	Dolmetscher:	

Anhang – مُلْحَق

Vokabelverzeichnis – جَدْوَل الْمُفْرَدَات

Vater	*ab*; Pl.: *ābā›*	L 3	أَب؛ ج.: آبَاء
Sohn	*ibn*; Pl.: *abnā›* / *banūn*	L 3	اِبْن؛ ج.: أَبْنَاء / بَنُون
der Vater des Schreckens [Name des Sphinx von Gizeh, aber auch für Sphingen im allgemeinen verwendet]	*abū l-hawl* [*Abū l-Hawl* / *Abū l-Hūl*]	L 8	أَبُو الْهَوْل / أَبُو الْهُول
dein Vater	*abūka* / *abūki*	L 4	أَبُوكَ / أَبُوكِ
zwei	*iṯnān*	L 8	اِثْنَانِ
Freistellung, Urlaub	*iǧāza*	L 7	إِجَازَة
lieben, mögen	*aḥabba* [*ana aḥbabtu*, *yuḥibbu*] (+ Akk.)	L 7	أَحَبَّ [أَنا أَحْبَبْتُ، يُحِبُّ] (هـ/ه)
lieben, mögen	*aḥabba* [*yuḥibbu*] (+ Akk.)	L 5	أَحَبَّ [يُحِبُّ] (هـ/ه)
Bruder; Freund	*aḫ*; Pl.: *iḫwāt* / *iḫwa*	L 3	أَخ؛ ج.: إِخْوَات / إِخْوَة
Schwester	*uḫt*; Pl.: *aḫawāt*	L 3	أُخْت (أَخَوَات)
anderer [m./f.]	*āḫar* / *uḫrā*; Pl.: *uḫar* / *āḫarūn*	L 8	آخَر / أُخْرَى؛ ج: أُخَر / آخَرُون
Ende	*āḫir*; Pl.: *awāḫir*	L 3	آخِر؛ ج.: أَوَاخِر
dann	*iḏan*	L 5	إِذًا / إِذَن

wollen, mögen	*arāda* [*yurīdu*] (+ Akk. / *an*)	L 6	أَرَادَ [يُرِيدُ] (ه / أَن)
vier	*arba‹a*	L 8	أَرْبَعَة
Jordanien	*al-Urdun*	L 4	الأُرْدُن
jordanisch; Jordanier	*urduniyy*	L 8	أُرْدُنِيّ
schicken, senden	*arsala* [*yursilu*] (+ Akk., *ilā*)	L 5	أَرْسَلَ [يُرْسِلُ] (ه/ه إِلَى)
Boden; Erde	*arḍ* (f.); Pl.: *arāḍin* / *al-arāḍī*	L 8	أَرْض (م)؛ ج.: أَرَاضٍ / الأَرَاضِي
Al-Azhar [Moschee und islamische Universität]	*al-Azhar*	L 6	الأَزْهَر
spanisch; Spanier	*isbāniyy* / *asbāniyy*	L 7	إِسْبَانِيّ / أَسْبَانِيّ
Spanien	*isbānyā* / *asbānyā*	L 7	إِسْبَانْيَا / أَسْبَانْيَا
Woche	*usbū‹*; Pl.: *asābī‹*	L 8	أُسْبُوع؛ ج.: أَسَابِيع
wöchentlich [Adv.]	*usbū‹iyyan*	L 8	أُسْبُوعِيًّا
Professor; Lehrer; Meister; Herr	*ustāḏ*; Pl.: *asātiḏa*	L 1	أُسْتَاذ؛ ج.: أَسَاتِذَة
Familie	*usra*; Pl.: *usar*	L 1	أُسْرَة؛ ج.: أُسَر
Name	*ism*; Pl.: *asmā›*	L 2	اِسْم؛ ج.: أَسْمَاء
Asien	*Āsyā*	L 5	آسْيَا
kaufen	*ištarā* [*ana ištaraytu, yaštarī*] (+ Akk.)	L 7	اِشْتَرَى [أَنَا اشْتَرَيْتُ، يَشْتَرِي] (ه)
arbeiten	*ištaġala* [*yaštaġilu*]	L 8	اِشْتَغَلَ [يَشْتَغِلُ]
in den Morgen eintreten; erwachen	*aṣbaḥa* [*yuṣbiḥu*]	L 5	أَصْبَحَ [يُصْبِحُ]
afrikanisch; Afrikaner	*afrīqiyy*; Pl.: *afrīqiyyūn* / *afāriqa*	L 7	أَفْرِيقِيّ؛ ج.: أَفْرِيقِيُّون / أَفَارِقَة
Afrika	*Afrīqyā*	L 7	أَفْرِيقْيَا

Aufenthalt	*iqāma*	L 8	إقامَة
Luxor [Stadt in Ägypten]	*al-Uqṣur*	L 7	الأُقْصُر
Oktober	*uktūbar*	L 4	أُكْتُوبَر
(das) Essen; Essen, Speise	*akl*	L 4	أَكْل
essen	*akala* [*ya›kulu*] (+ Akk.)	L 5	أَكَلَ [يَأْكُلُ] (ه)
der, die, das [Artikel]	*al-*	L 3	اَلـ
treffen, begegnen, sich treffen mit	*iltaqā* [*ana iltaqaytu*, *yaltaqī*] (*bi*)	L 8	اِلْتَقَى [أَنَا اِلْتَقَيْتُ، يَلْتَقِي] (بِ)
deutsch; Deutscher	*almāniyy*; Pl.: *almān*	L 2	أَلْمَانِيّ؛ ج.: أَلْمَان
Deutschland	*Almānyā*	L 1	أَلْمَانْيَا
hallo!	*alū* / *ālū*	L 6	أَلو / آلو
bis, zu; nach [Präp.]	*ilā*	L 1	إِلَى
Auf Wiedersehen!	*ilā l-liqā›*	L 1	إِلَى اللِّقَاء
wohin?	*ilā ayna?*	L 4	إِلَى أَيْنَ؟
nicht wahr?	*a-laysa kaḏālik*	L 7	أَلَيْسَ كَذَلِك؟
Mutter	*umm*; Pl.: *ummahāt*	L 3	أُمّ؛ ج.: أُمَّهَات
vor [lokal]	*amāma*	L 8	أَمَامَ
Imam, Vorbeter	*imān*; Pl.: *a›imma*	L 1	إِمَام؛ ج.: أَئِمَّة
Prüfung	*imtiḥān*; Pl.: *imtiḥānāt*	L 5	إِمْتِحَان؛ ج.: إِمْتِحَانَات
gestern	*ams*	L 7	أَمْس
jetzt [Adv.]	*al-ān*	L 1	الآنَ
So Gott will!	*in šā›a llāh*	L 1	إِنْ شَاءَ الله
ich	*ana*	L 1	أَنَا
Mir geht es gut!	*ana bi-ḫayr*	L 1	أَنَا بِخَيْر
du [m./f. Sg.]	*anta* / *anti*	L 1	أَنْتَ / أَنْتِ

ihr [m./f. Pl.]	*antum / antunna*	L 1	أَنْتُم / أَنْتُنَّ
englisch; Engländer	*inǧlīziyy / inǧilīziyy*; Pl.: *inǧlīz / inǧilīz*	L 6	إِنْجْلِيزِيّ / إِنْجِلِيزِيّ؛ ج.: إِنْجْلِيز / إِنْجِلِيز
Willkommen!	*ahlan*	L 1	أَهْلاً
Willkommen! [Gruß und Gegengruß]	*ahlan wa sahlan – ahlan bika*	L 1	أَهْلاً وَسَهْلاً – أَهْلاً بِكَ
oder	*aw*	L 3	أَو
Europa	*Ūrubbā*	L 3	أُورُبَّا
erster [m./f.]	*awwal / ūlā*; Pl.: *awā›il / awwalūn*	L 8	أَوَّل / أُولَى؛ ج.: أَوَائِل / أَوَّلُون
welcher? was für ein? [m./f.]	*ayy / ayya* (+ Gen.)	L 8	أَيّ / أَيَّة + Gen.
auch; noch	*ayḍan*	L 6	أَيْضًا
Glaube	*īmān*	L 3	إِيْمَان
E-Mail	*īmayl*	L 4	إِيْمَيْل
wo? wohin?	*ayna?*	L 1	أَيْنَ؟
in; mit, mittels [Präp.]	*bi-*	L 3	بِ
Verkäufer	*bā›i‹*; Pl.: *bā›i‹ūn / bā‹a*	L 8	بَائِع؛ ج.: بَائِعُون / بَاعَة
Tür; Kapitel	*bāb*; Pl.: *abwāb / bībān*	L 4	بَاب؛ ج.: أَبْوَاب / بِيبَان
Papa	*bābā*	L 7	بَابَا
verkaufen	*bā‹ā* [*ana bi‹tu, yabī‹u*] (+ Akk.)	L 8	بَاعَ [أَنَا بَعْتُ، يَبِيعُ] (ه)
neben	*bi-ǧānib*	L 8	بِجَانِب
suchen, erörtern	*baḥaṯa* [*yabḥaṯu*] (*‹an* + Akk.)	L 5	بَحَثَ [يَبْحَثُ] عَن ه/ه
Rechtschaffenheit	*birr*	L 2	بِرّ

Orangen	*burtuqāl* (*al-wāḥida burtuqāla*)	L 8	بُرْتُقَال (الْوَاحِدَة بُرْتُقَالَة)
Barcelona	*Baršalūna*	L 7	بَرْشَلُونَة
Berlin	*Barlīn*	L 6	بَرْلِين
Post	*barīd*	L 4	بَرِيد
einfach, bescheiden, naiv; gering, leicht	*basīṭ*; Pl.: *busaṭā›*	L 6	بَسِيط؛ ج.: بُسَطَاء
Zwiebeln	*baṣal* (*al-wāḥida baṣala*)	L 8	بَصَل (الْوَاحِدَة بَصَلَة)
nach [temporal]	*ba‹da*	L 8	بَعْدَ
nachher, danach	*ba‹da ḏālika*	L 1	بَعْدَ ذَلِكَ
Teil; etwas; einige	*ba‹ḍ*; Pl.: *ab‹āḍ*	L 8	بَعْض؛ ج.: أَبْعَاض + Gen.
Bagdad	*Baġdād*	L 1	بَغْدَاد
mit größtem Vergnügen! sehr gerne!	*bi-kull surūr*	L 6	بِكُلّ سُرُور
weinen	*bakā* [*ana bakaytu, yabkī*]	L 8	بَكَى [أَنَا بَكَيْتُ، يَبْكِي]
Land	*balad*; Pl.: *buldān* / *bilād*	L 2	بَلَد؛ ج.: بُلْدَان / بِلَاد
Kaffee; Kaffeebohnen	*Bunn*	L 2	بُنّ
Mädchen; Tochter	*bint*; Pl.: *banāt*	L 2	بِنْت؛ ج.: بَنَات
Tor; Einfahrt	*bawwāba*	L 8	بَوَّابَة
Bonn	*Būn*	L 1	بُون
Haus	*bayt*; Pl.: *buyūt*	L 1	بَيْت؛ ج.: بُيُوت
Petra [Stätte in Jordanien]	*Bītrā*	L 5	بِيتْرَا
Beirut	*Bayrūt*	L 3	بَيْرُوت
Kaufmann, Händler	*tāǧir*; Pl.: *tuǧǧār*	L 1	تَاجِر؛ ج.: تُجَّار

Datum; Geschichte	*tārīḫ* / *ta›arīḫ*; Pl.: *tawārīḫ*	L 7	تَارِيخ / تَأْرِيخ؛ ج.: تَوَارِيخ
sprechen (mit)	*taḥaddaṯa* [*yataḥaddaṯu*] (*ma‹a*)	L 5	تَحَدَّثَ [يَتَحَدَّثُ] مَعَ
etw. miteinander besprechen; etw. miteinander genau studieren;	*tadārasa* [*yatadārasu*] (+ Akk.)	L 5	تَدَارَسَ [يَتَدَارَسُ] (ه)
Unterricht	*tadrīs*	L 5	تَدْرِيس
türkisch; Türke	*turkiyy*; Pl.: *atrāk*	L 8	تُرْكِيّ؛ ج.: أَتْرَاك
Türkei	*Turkiyā*	L 1	تُرْكِيَا
neun	*tis‹a*	L 8	تِسْعَة
Es ist mir eine Ehre! Angenehm!	*tašarraftu*	L 1	تَشَرَّفْتُ
Dein Morgen sei schön! Wünsche wohl zu ruhen! Gute Nacht! [m./f.]	*tuṣbiḥu ‹alā ḫayr* / *tuṣbiḥīna ‹alā ḫayr*	L 1	تُصْبِح عَلَى خَيْر / تُصْبِحِينَ عَلَى خَيْر
lernen, erlernen	*ta‹allama* [*yata‹allamu*] (+ Akk.)	L 6	تَعَلَّمَ [يَتَعَلَّمُ] (ه)
Äpfel	*tuffāḥ* (*al-wāḥida tuffāḥa*)	L 4	تُفَّاح (الْوَاحِدَة تُفَّاحَة)
bitte schön! [Imperativ m./f. Sg.]	*tafaḍḍal* / *tafaḍḍalī*	L 6	تَفَضَّلْ / تَفَضَّلِي
sprechen	*takallama* [*yatakallamu*]	L 6	تَكَلَّمَ [يَتَكَلَّمُ]
Telephon	*tilifūn*; Pl: *tilifūnāt*	L 7	تِلِفُون؛ ج.: تِلِفُونَات
gut, „okay“	*tamām*	L 1	تَمَام

Datteln	*tamr* (*al-wāḥida tamra*)	L 2	تَمْر (الْوَاحِدَة تَمْرَة)
wünschen	*tamannā* [*yatamannā*] (*lahu* + Akk. / *an*)	L 7	تَمَنَّى [يَتَمَنَّى] (لَهُ هـ / أَنْ)
Tunesien; Tunis	*Tūnis*	L 1	تُونِس
Feigen	*tīn* (*al-wāḥida tīna*)	L 4	تِين (الْوَاحِدَة تِينَة)
Bildung; Kultur	*ṯaqāfa*; Pl.: *ṯaqāfāt*	L 7	ثَقَافَة؛ ج.: ثَقَافَات
drei	*ṯalāṯa*	L 1	ثَلَاثَة
acht	*ṯamāniya*	L 8	ثَمَانِيَة
Moschee	*ǧāmiʿ*; Pl.: *ǧawāmiʿ*	L 4	جَامِع؛ ج.: جَوَامِع
Universität	*ǧāmiʿa*	L 2	جَامِعَة
Seite	*ǧānib*; Pl.: *ǧawānib*	L 8	جَانِب؛ ج.: جَوَانِب
Käse	*ǧubn* / *ǧubna* / *ǧibna*; Pl.: *aǧbān*	L 2	جُبْن / جُبْنَة / جِبْنَة؛ ج.: أَجْبَان
sehr	*ǧiddan*	L 5	جِدًّا
Großmutter	*ǧadda*	L 5	جَدَّة
neu	*ǧadīd*; Pl.: *ǧudud*	L 5	جَدِيد؛ ج.: جُدُد
Zeitung	*ǧarīda*; Pl.: *ǧarāʾid*	L 4	جَرِيدَة؛ ج.: جَرَائِد
sitzen; sich setzen	*ǧalasa* [*yaǧlisu*] (*ʿalā*)	L 5	جَلَسَ [يَجْلِسُ] (عَلَى)
Freitag	*ǧumʿa* / *yawm al-ǧumʿa*	L 8	جُمْعَة / يَوْم الْجُمْعَة
Kamel	*ǧamal*; Pl.: *ǧimāl*	L 3	جَمَل؛ ج.: جِمَال
Gefallen	*ǧamīl*; Pl.: *ǧamāʾil*	L 3	جَمِيل؛ ج.: جَمَائِل
schön	*ǧamīl*; Pl.: *ǧamīlūn* (*ǧumalāʾ*)	L 1	جَمِيل؛ ج.: جَمِيلُون (جُمَلَاء)
neben [Präp.]	*ǧanba*	L 2	جَنْبَ
Seite	*ǧanb*; Pl.: *ǧunūb* / *aǧnāb*	L 2	جَنْب؛ ج.: جُنُوب / أَجْنَاب

Staatsangehörigkeit, Nationalität	*ğinsiyya*	L 2	جِنْسِيَّة
Süden	*ğanūb*	L 7	جَنُوب
Wetter; Atmosphäre	*ğaww*; Pl.: *ağwā›*	L 5	جَوّ ؛ ج.: أَجْوَاء
Reisepaß	*ğawāz safar*; Pl.: *ğawāzāt safar*	L 8	جَوَاز سَفَر ؛ ج.: جَوَازَات سَفَر
Ausweis; Lizenz	*ğawāz*; Pl.: *ğawāzāt*	L 8	جَوَاز ؛ ج.: جَوَازَات
Goethe	*Ğūta*	L 6	جُوتَه
Johannesburg	*Ğūhānisbūrğ*	L 7	جُوهَانِسْبُورْج
gut	*ğayyid*; Pl.: *ğayyidūn* / *ğiyād*	L 8	جَيِّد؛ ج.: جَيِّدُون / جِيَاد
gut [Adv.]	*ğayyidan*	L 8	جَيِّدًا
1.) Bedarf; Bedürfnis 2.) *Umgangssprache*: Sache, Ding	*ḥāğa*; Pl.: *ḥāğāt* / *ḥāğiyāt*	L 8	حَاجَة؛ ج.: حَاجَات / حَاجِيَات
heiß; scharf	*ḥārr*	L 5	حَارّ
Herrscher	*ḥākim*; Pl.: *ḥukkām*	L 5	حَاكِم؛ ج.: حُكَّام
Zustand, Lage	*ḥāl* (f.); Pl.: *aḥwāl*	L 1	حَال (م)؛ ج.: أَحْوَال
(das) Zurückhalten; Reservierung, Belegung; Beschlagnahme	*ḥağz*	L 8	حَجْز
bestellen, reservieren	*ḥağaza* [*yaḥğuzu*] (+ Akk.)	L 8	حَجَزَ [يَحْجُزُ] (ه)

Gespräch; Hadith [Überlieferung von Taten und Aussprüchen Muhammads und seiner Gefährten: „Sunna"]; modern	*ḥadīṯ*; Pl.: *aḥādīṯ*	L 5	حَدِيث؛ ج.: أَحَادِيث
Schuh	*ḥiḏā›*; Pl.: *aḥḏiya*	L 8	حِذَاء؛ ج.: أَحْذِيَة
Tasche; Koffer	*ḥaqība*; Pl.: *ḥaqā›ib*	L 8	حَقِيبَة؛ ج.: حَقَائِب
Süßigkeit; Dessert	*ḥalwā*; Pl.: *ḥalāwā* / *ḥalawiyyāt*	L 8	حَلْوَى؛ ج.: حَلَاوَى / حَلَوِيَّات
Bad; Badezimmer; Toilette	*ḥammām*; Pl.: *ḥammāmāt*	L 6	حَمَّام؛ ج.: حَمَّامَات
Gott sei Dank!	*al-ḥamdu li-lāh*	L 1	الْحَمْدُ لِلَّه
Karawanserei; Khan	*ḫān*	L 8	خَان
Khan el-Khalili [traditionelles Marktviertel in Kairo]	*Ḫān al-Ḫalīlī*	L 8	خَان الْخَلِيلِي
Bäcker	*ḫabbāz*	L 1	خَبَّاز
Nachricht	*ḫabar*; Pl.: *aḫbār*	L 1	خَبَر؛ ج.: أَخْبَار
Brot	*ḫubz*	L 8	خُبْز
Dienst, Dienstleistung, Gefallen	*ḫidma*; Pl.: *ḫidmāt* / *ḫadamāt*	L 6	خِدْمَة؛ ج.: خِدْمَات / خَدَمَات
Khartum	*al-Ḫarṭūm*	L 8	الْخَرْطُوم
Kopfsalat, Salat	*ḫass* (*al-wāḥida ḫassa*)	L 8	خَسّ (الْوَاحِدَة خَسَّة)
Gemüse; Grünzeug	*ḫuḍār* / *ḫaḍār*; Pl.: *ḫuḍrawāt* / *ḫaḍrawāt*	L 8	خُضَار / خَضَار؛ ج.: خُضْرَوَات / خَضْرَوَات

fünf	*ḫamsa*	L 8	خَمْسَة
Gurken	*ḫiyār* (*al-wāḥida ḫiyāra*)	L 8	خِيَار (الْوَاحِدَة خِيَارَة)
gut, besser, am besten; Gutes; Güte; Wohl	*ḫayr*; Pl.: *ḫayrāt*	L 1	خَيْر ؛ ج.: خَيْرَات
immer [Adv.]	*dā›iman*	L 8	دَائِمًا
Student; Forscher	*dāris*	L 5	دَارِس
zusammen studieren	*dārasa* [*yudārisu*]	L 5	دَارَسَ [يُدَارِسُ]
ein eifrig Studierender	*darrās*	L 5	دَرَّاس
(das) Lernen; Studium; Studie	*dirāsa*	L 5	دِرَاسَة
zum Studium zugehörig	*dirāsiyy*	L 5	دِرَاسِيّ
lernen; studieren	*darasa* [*yadrusu*] (+ Akk.)	L 5	دَرَسَ [يَدْرُسُ] (ه)
lehren, unterrichten	*darrasa* [*yudarrisu*] (+ Akk.)	L 5	دَرَّسَ [يُدَرِّسُ] (ه)
Unterricht; Unterrichtsstunde, Lektion	*dars*; Pl.: *durūs*	L 5	دَرْس؛ ج.: دُرُوس
Dirham [Währung]	*dirham*; Pl.: *darāhim*	L 8	دِرْهَم؛ ج.: دَرَاهِم
Damaskus	*Dimašq*	L 1	دِمَشْق
ständig, immer [Adv.]	*dawman*	L 8	دَوْمًا
erwähnen, nennen, anführen; sich erinnern	*ḏakara* [*yaḏruku*] (+ Akk.)	L 8	ذَكَرَ [يَذْكُرُ] (ه/ه)

jener, jenes [m./f.]	*ḏālika* / *tilka*; Pl.: *ulā›ika*	L 6	ذَلِكَ / تِلْكَ؛ ج.: أُولَئِكَ
gehen; fortgehen, dahingehen	*ḏahaba* [*yaḏhabu*] (*ilā*)	L 5	ذَهَبَ [يَذْهَبُ] (إِلَى)
sehen	*ra›ā* [*ana ra›aytu, yarā*] (+ Akk.)	L 7	رَأَى [أَنَا رَأَيْتُ، يَرَى] (ه/ه)
Gott; Herr	*rab*; Pl.: *arbāb*	L 2	رَبّ؛ ج.: أَرْبَاب
zurückkommen, zurückkehren	*rağa‹a* [*yarği‹u*] (*ilā*)	L 7	رَجَعَ [يَرْجِعُ] (إِلَى)
Mann	*rağul*; Pl.: *riğāl*	L 4	رَجُل؛ ج.: رِجَال
Reis	*ruzz*	L 8	رُزّ
Brief; Schreiben; Abhandlung	*risāla*; Pl.: *rasā›il*	L 4	رِسَالَة؛ ج.: رَسَائِل
malen, zeichnen	*rasama* [*yarsumu*] (+ Akk.)	L 5	رَسَمَ [يَرْسُمُ] (ه/ه)
Zahl; Nummer	*raqam*; Pl.: *arqām*	L 8	رَقَم؛ ج.: أَرْقَام
Roman; Überlieferung	*riwāya*	L 5	رِوَايَة
besuchen	*zāra* [*ana zurtu, yazūru*] (+ Akk.)	L 7	زَارَ [أَنَا زُرْتُ، يَزُورُ] (ه/ه)
Butter	*zubd* / *zubda* / *zibda*	L 8	زُبْد / زُبْدَة / زِبْدَة
Gasse	*zuqāq*; Pl.: *aziqqa*	L 5	زُقَاق؛ ج.: أَزِقَّة
Kollege	*zamīl*; Pl.: *zumalā›*	L 6	زَمِيل؛ ج.: زُمَلَاء
Ehemann, Ehegatte	*zawğ*; Pl.: *azwāğ*	L 7	زَوْج؛ ج.: أَزْوَاج
Öl	*zayt*; Pl.: *zuyūt*	L 8	زَيْت؛ ج.: زُيُوت
Oliven	*zaytūn* (*al-wāḥida zaytūna*)	L 8	زَيْتُون (الْوَاحِدَة زَيْتُونَة)
[Partikel des Futurs]	*sa-*	L 6	سَ
Frage	*su›āl*; Pl.: *as›ila*	L 4	سُؤَال؛ ج.: أَسْئِلَة

Tourist	*sā›iḥ*; Pl.: *suyyāḥ* / *sā›iḥūn*	L 8	سَائِح؛ ج.: سُيَّاح / سَائِحُون
Fahrer	*sā›iq*; Pl.: *sā›iqūn* (*sāqa*)	L 1	سَائِق؛ ج.: سَائِقُون (سَاقَة)
warm	*sāḫin*	L 4	سَاخِن
Dieb	*sāriq*; Pl.: *sāriqūn* (*surrāq* / *saraqa*)	L 1	سَارِق؛ ج.: سَارِقُون (سُرَّاق / سَرَقَة)
Uhr; Stunde	*sā‹a*	L 1	سَاعَة
fahren; reisen	*sāfara* [*yusāfiru*]	L 5	سَافَرَ [يُسَافِرُ]
fragen nach	*sa›a la* [*yas›alu*] (+ Akk., *‹an*)	L 5	سَأَلَ [يَسْأَلُ] (هـ/هـ عَن)
sieben	*saba‹a*	L 8	سَبْعَة
sechs	*sitta*	L 8	سِتَّة
schnell	*sarī‹*; Pl.: *sirā‹*	L 4	سَرِيع؛ ج.: سِرَاع
Preis; Kurs	*si‹r*; Pl.: *as‹ār*	L 4	سِعْر؛ ج.: أَسْعَار
glücklich, froh, zufrieden	*sa‹īd*; m. Pl.: *su‹adā›*	L 1	سَعِيد؛ ج.: سُعَدَاء
Botschaft	*safāra*	L 8	سَفَارَة
(das) Reisen, Reise; Fahrt; Abreise	*safar*; Pl.: *asfār*	L 4	سَفَر؛ ج.: أَسْفَار
Botschafter	*safīr*; Pl.: *sufarā›*	L 1	سَفِير؛ ج.: سُفَرَاء
Schiff	*safīna*; Pl.: *sufun*	L 8	سَفِينَة؛ ج.: سُفُن
(das) Wohnen; Wohnung, Wohnstätte, Unterkunft	*sakan*	L 2	سَكَن
wohnen; sich beruhigen	*sakana* [*yaskunu*] (*fī*)	L 5	سَكَنَ [يَسْكُنُ] (فِي)

Grüß Gott! Guten Tag! [Gruß und Gegengruß]	*as-salām ‹alaykum – wa ‹alaykum as-salām*	L 1	السَّلَام عَلَيْكُم – وَعَلَيْكُم السَّلَام
Frieden; Gruß	*salām*; Pl.: *salāmāt*	L 1	سَلَام؛ ج.: سَلامات
Grüße! Hallo!	*salāmāt*	L 1	سَلَامَات
Heil, Unversehrtheit	*salāma*	L 1	سَلَامَة
grüße jdn. von mir [m./f.]	*sallimu lī ‹alā / sallimī lī ‹alā*	L 5	سَلِّمُ لِي عَلَى / سَلِّمِي لِي عَلَى
Fisch	*samak* (*al-wāḥida samaka*); Pl.: *asmāk*	L 4	سَمَك (الْوَاحِدَة سَمَكَة)؛ ج.: أَسْمَاك
getrockneter Fisch	*samak baladiyy*	L 4	سَمَك بَلَدِيّ
Jahr	*sana*; Pl.: *sanawāt / sinūn*	L 4	سَنَة؛ ج.: سَنَوَات / سِنُون
der Sudan	*as-Sūdān*	L 4	السُّودَان
Syrien	*Sūrya* (f.)	L 1	سُورْيَا (م)
[Partikel des Futurs]	*sawfa*	L 1	سَوْفَ
Markt	*sūq* (f.); Pl.: *aswāq*	L 6	سُوق (م)؛ ج.: أَسْوَاق
zusammen, gemeinsam [Adv.]	*sawiyan*	L 8	سَوِيًّا
schweizerisch; Schweizer	*swīsriyy*	L 2	سْوِيسْرِيّ
Auto	*sayyāra*	L 4	سَيَّارَة
Herr	*sayyid*; Pl.: *sāda*	L 3	سَيِّد؛ ج.: سَادَة
Frau, Dame	*sayyida*	L 3	سَيِّدَة
Kino	*sīnimā*; Pl.: *sīnimāt*	L 2	سِينِمَا؛ ج.: سِينِمَات
junger Mann, Jüngling	*šābb*; Pl.: *šubbān / šabāb*	L 4	شَابّ؛ ج.: شُبَّان / شَبَاب
Straße	*šāri‹*; Pl.: *šawāri‹*	L 2	شَارِع؛ ج.: شَوَارِع

sehen [umgangssprachlich]	*šāfa* [*ana šuftu*, *yašūfu*] (+ Akk.)	L 7	شَافَ [أَنَا شُفْتُ، يَشُوفُ] (هـ/هـ)
sehen, anschauen, betrachten, beobachten, besichtigen	*šāhada* [*yušāhidu*] (+ Akk.)	L 8	شَاهَدَ [يُشَاهِدُ] (هـ/هـ)
Tee	*šāy*	L 5	شَاي
Fenster	*šubbāk*; Pl.: *šabābīk*	L 4	شُبَّاك؛ ج.: شَبَابِيك
Winter; Regenzeit	*šitā›*	L 5	شِتَاء
trinken	*šariba* [*yašrabu*] (+ Akk.)	L 5	شَرِبَ [يَشْرَبُ] (هـ)
Polizei	*šurṭa*	L 7	شُرْطَة
Polizist	*šurṭī*; Pl.: *šurṭa*	L 8	شُرْطِي؛ ج.: شُرْطَة
Orient; Osten	*šarq*	L 7	شَرْق
östlich; orientalisch; Orientale	*šarqiyy*	L 8	شَرْقِيّ
Firma, Betrieb	*šarika*	L 6	شَرِكَة
Volk	*ša‹b*; Pl.: *šu‹ūb*	L 8	شَعْب؛ ج.: شُعُوب
volkstümlich, populär	*ša‹biyy*	L 8	شَعْبِيّ
Arbeit, Beschäftigung; Sorge	*šuġl*; Pl.: *ašġāl*	L 1	شُغْل؛ ج.: أَشْغَال
Wohnung	*šaqqa*; Pl.: *šuqaq* / *šaqqāt*	L 6	شَقَّة؛ ج.: شُقَق / شَقَّات
Danke!	*šukran*	L 1	شُكْرًا
Vielen Dank!	*šukran ğazīlan*	L 1	شُكْرًا جَزِيلاً
Sonne	*šams* (f.); Pl.: *šumūs*	L 3	شَمْس (م)؛ ج.: شُمُوس
Sache, Ding	*šay›*; Pl.: *ašyā›*	L 1	شَيْء؛ ج.: أَشْيَاء
Scheck	*šīk*	L 4	شِيك
Saal	*ṣāla*	L 8	صَالَة

Morgen	*ṣabāḥ*	L 1	صَبَاح
Guten Morgen! [Gruß und Gegengruß]	*ṣabāḥ al-ḫayr – ṣabāḥ an-nūr*	L 1	صَبَاح الْخَيْر – صَبَاح النُّور
Richtigkeit; Gesundheit	*ṣiḥḥa*	L 1	صِحَّة
befreundet; Freund	*ṣadīq*; Pl.: *aṣdiqā›*	L 5	صَدِيق؛ ج.: أَصْدِقَاء
Freundin	*ṣadīqa*	L 1	صَدِيقَة
klein, kurz	*ṣaġīr*; Pl.: *ṣiġār*	L 6	صَغِير؛ ج.: صِغَار
Beschreibe!	*ṣif*	L 8	صِفْ
beten	*ṣallā* [*yuṣallī*]	L 8	صَلَّى [يُصَلِّي]
Stimme; Laut, Ton	*ṣawt*; Pl: *aṣwāt*	L 8	صَوْت؛ ج.: أَصْوَات
Apotheker	*ṣaydaliyya*	L 7	صَيْدَلِيَّة
Sommer	*ṣayf*	L 5	صَيْف
Student	*ṭālib*; Pl.: *ṭullāb* / *ṭalaba*	L 1	طَالِب؛ ج.: طُلاَّب / طَلَبَة
Tisch	*ṭāwla*	L 6	طَاوْلَة
Arzt	*ṭabīb*; Pl.: *aṭibbā›*	L 1	طَبِيب؛ ج.: أَطِبَّاء
Wetter	*ṭaqs*	L 7	طَقْس
Tomaten	*ṭamāṭim* (*al-wāḥida ṭamāṭima*)	L 8	طَمَاطِم (الْوَاحِدَة طَمَاطِمَة)
Mittag	*ẓuhr*	L 8	ظُهْر
Hauptstadt	*‹āṣima*; Pl.: *‹awāṣim*	L 5	عَاصِمَة؛ ج.: عَوَاصِم
durch, hindurch; mittels, über	*‹abra*	L 4	عَبْرَ
der Irak	*al-‹Irāq*	L 6	الْعِرَاق
arabisch; Araber	*‹arabiyy*; Pl.: *‹arab*	L 6	عَرَبِيّ؛ ج.: عَرَب
das Arabische	*al-‹arabiyya*	L 1	الْعَرَبِيَّة
wissen; kennen	*‹arafa* [*ya‹rifu*] (+ Akk.)	L 5	عَرَفَ [يَعْرِفُ] (هـ/ه)

(tief) verwurzelt; altertümlich	*‹arīq*	L 6	عَرِيق
Honig	*‹asal*; Pl.: *a‹sāl*	L 8	عَسَل؛ ج.: أَعْسَال
zehn	*‹ašara*	L 8	عَشَرَة
Saft, Juice	*‹aṣīr*; Pl.: *‹aṣā›ir*	L 4	عَصِير؛ ج.: عَصَائِر
groß, mächtig; prächtig, großartig	*‹aẓīm*; Pl.: *‹uẓamā›*	L 6	عَظِيم؛ ج.: عُظَمَاء
Bitte! [als Antwort auf شُكْرًا]	*‹afwan*	L 1	عَفْوًا
auf; an, bei; in [Präp.]	*‹alā*	L 1	عَلَى
Oman	*‹Umān*	L 8	عُمَان
Amman	*‹Ammān* (f.)	L 5	عَمَّان (م)
arbeiten; machen, tun	*‹amila* [*ya‹malu*] (+ Akk.)	L 5	عَمِلَ [يَعْمَلُ] (ه)
(das) Arbeiten, Arbeit, (das) Tun, Tätigkeit	*‹amal*; Pl.: *a‹māl*	L 6	عَمَل؛ ج.: أَعْمَال
Kunde; Agent	*‹amīl*; Pl.: *‹umalā›*	L 6	عَمِيل؛ ج.: عُمَلاَء
über [Präp.]	*‹an*	L 4	عَن
bei [Präp.]	*‹inda*	L 6	عِنْدَ
ich habe	*‹indī*	L 1	عِنْدِي
teuer [m./f.]	*ġālin* (*al-ġālī*) / *ġāliya*	L 6	غَالٍ (الْغَالِى) / غَالِيَة
der nächste Tag, der morgige Tag	*ġad* / *al-ġad*	L 5	غَد / الْغَد
morgen	*ġadan*	L 6	غَدًا
Zimmer	*ġurfa*; Pl.: *ġuraf*	L 6	غُرْفَة؛ ج.: غُرَف
singen; besingen	*ġannā* [*yuġannī*]	L 8	غَنَّى [يُغَنِّى]

un-, nicht-; anderer als; außer	*ġayr* (+ Adv. / Adj.)	L 6	غَيْر (+ Adv. / Adj.)
Mäuse	*fa›r* (*al-wāḥida fa›ra*); Pl.: *fīrān* / *fi›rān*	L 3	فَأْر (الْوَاحِدَة فَأْرَة)؛ ج.: فِيرَان / فِئْرَان
Fes	*Fās*	L 6	فَاس
Obst	*fākiha*; Pl.: *fawākih*	L 8	فَاكِهَة؛ ج.: فَوَاكِه
Frankreich	*Faransā*	L 4	فِرَنْسَا
französisch; Franzose	*faransiyy*	L 5	فَرَنْسِيّ
vorziehen, bevorzugen vor	*faḍḍala* [*yufaḍḍilu*] (+ Akk., *‹alā*)	L 8	فَضَّلَ [يُفَضِّلُ] (ه/ه عَلَى)
machen, tun	*fa‹ala* [*yaf‹alu*] (+ Akk.)	L 5	فَعَلَ [يَفْعَلُ] (ه)
denken an; nachdenken über	*fakkara* [*yufakkiru*] (*fī*)	L 6	فَكَّرَ [يُفَكِّرُ] (فِي)
Gedanke, Idee	*fikra*; Pl.: *afkār*	L 8	فِكْرَة؛ ج.: أَفْكَار
Falafel [Speise]	*falāfil*	L 3	فَلَافِل
Kunst	*fann*; Pl.: *funūn*	L 7	فَنّ؛ ج.: فُنُون
Tasse	*finǧān*; Pl.: *fanāǧīn*	L 7	فِنْجَان؛ ج.: فَنَاجِين
Hotel	*funduq*; Pl.: *fanādiq*	L 6	فُنْدُق؛ ج.: فَنَادِق
verstehen, begreifen	*fahama* [*yafhamu*] (+ Akk.)	L 7	فَهِمَ [يَفْهَمُ] (ه/ه)
braune Bohnen	*fūl* (*al-wāḥida fūla*)	L 3	فُول (الْوَاحِدَة فُولَة)
1.) in, an bei 2.) mal [Math.]	*fī*	L 1	فِي
Film	*film*; Pl.: *aflām*	L 8	فِيلْم؛ ج.: أَفْلَام
treffen, begegnen	*qābala* [*yuqābilu*] (+ Akk.)	L 5	قَابَلَ [يُقَابِلُ] (ه/ه)

sagen	*qāla* [*ana qultu, yaqūlu*] (+ Akk. / *inna* + Akk.)	L 7	قَالَ [أَنَا قُلْتُ، يَقُولُ] (هـ / إِنَّ + Akk.)
sagen	*qāla* [*yaqūlu*] (+ Akk. / *inna* + Akk.)	L 6	قَالَ [يَقُولُ] (هـ / إِنَّ + Akk.)
Gesetz; Recht; Jura; Zither	*qānūn*; Pl. *qawānīn*	L 5	قَانُون؛ ج.: قَوَانِين
Kairo	*al-Qāhira*	L 6	الْقَاهِرَة
vor [Präp., temp.]	*qabl*	L 8	قَبْل
Jerusalem	*al-Quds*	L 5	الْقُدْس
alt [meist bei Nicht-Personen]	*qadīm*; Pl.: *qudamā›* / *qudāmā*	L 6	قَدِيم؛ ج.: قُدَمَاء / قُدَامَى
lesen; vortragen	*qara›a* [*yaqra›u*] (+ Akk.)	L 5	قَرَأَ [يَقْرَأُ] (هـ)
nahe bei	*qarīb min*	L 6	قَرِيب مِن
nahe; Verwandter	*qarīb*; Pl.: *aqribā›*	L 6	قَرِيب؛ ج.: أَقْرِبَاء
Geschichte, Erzählung	*qiṣṣa*; Pl.: *qiṣaṣ*	L 5	قِصَّة؛ ج.: قِصَص
Qatar	*Qaṭar*	L 8	قَطَر
Herz	*qalb*; Pl.: *qulūb*	L 5	قَلْب؛ ج.: قُلُوب
Stift, Schreibstift, Bleistift	*qalam*; Pl.: *aqlām*	L 6	قَلَم؛ ج.: أَقْلاَم
wenig	*qalīl*; Pl.: *qalīlūn* / *aqilla* / *qalā›il*	L 8	قَلِيل؛ ج.: قَلِيلُون / أَقِلَّة / قَلاَئِل
wenig [Adv.]	*qalīlan*	L 1	قَلِيلاً
Mond	*qamar*; Pl.: *aqmār*	L 3	قَمَر؛ ج.: أَقْمَار
Hemd	*qamīṣ*; Pl.: *qumṣān*	L 8	قَمِيص؛ ج.: قُمْصَان
Kaffee	*qahwa*	L 7	قَهْوَة

wie, von der Art von, als	*ka-*	L 6	كَـ
Schriftsteller; Sekretär	*kātib*; Pl.: *kuttāb* / *kātibūn*	L 3	كَاتِب؛ ج.: كُتَّاب / كَاتِبُون
sein, existieren	*kāna* [*ana kuntu*, *yakūnu*]	L 7	كَانَ [أَنَا كُنْتُ، يَكُونُ]
groß	*kabīr*; Pl.: *kibār*	L 4	كَبِير؛ ج.: كِبَار
Buch	*kitāb*; Pl.: *kutub*	L 3	كِتَاب؛ ج.: كُتُب
schreiben	*kataba* [*yaktubu*] (+ Akk.)	L 5	كَتَبَ [يَكْتُبُ] (هـ)
viel	*kaṯīr*; Pl.: *kaṯīrūn* / *kiṯār*	L 7	كَثِير؛ ج.: كَثِيرُون / كِثَار
sehr; oft; viel [Adv.]	*kaṯīran*	L 7	كَثِيرًا
Stuhl	*kursī*; Pl.: *karāsī*	L 6	كُرْسِي؛ ج.: كَرَاسِي
großzügig / edelmütig / edel sein	*karuma* [*yakrumu*]	L 7	كَرُمَ [يَكْرُمُ]
großzügig	*karīm*; Pl.: *kuramā›*	L 3	كَرِيم؛ ج.: كُرَمَاء
Kofta / Köfte [Hackfleisch-bällchen]	*kufta*	L 8	كُفْتَة
1.) *m. Gen. Sg.*: jeder 2.) *m. Gen. Pl.*: alle	*kull*	L 1	كُلّ
klassisch	*klāsīkiyy*	L 7	كْلاَسِيكِيّ
Hund	*kalb*; Pl.: *kilāb*	L 3	كَلْب؛ ج.: كِلاَب
Wort, Rede	*kalima*; Pl.: *kalimāt*	L 4	كَلِمَة؛ ج.: كَلِمَات
Fakultät	*kulliyya*	L 8	كُلِّيَّة
wieviel? wie viele?	*kam?*	L 4	كَم؟
Komödien-	*kūmīdiyy*	L 8	كُومِيدِيّ
Kirche	*kanīsa*; Pl.: *kanā›is*	L 8	كَنِيسَة؛ ج.: كَنَائِس
Kuwait	*al-Kūwayt*	L 6	الْكُوَيْت

Wie geht es?	*kayfa l-ḥāl?*	L 1	كَيْفَ الْحَال؟
Wie geht es Dir? [m./f.]	*kayfa ḥāluka / kayfa ḥāluki*	L 1	كَيْفَ حَالُكَ / كَيْفَ حَالُكِ؟
wie?	*kayfa?*	L 1	كَيْفَ؟
Kilo	*kīlū*; Pl.: *kīluwāt*	L 8	كِيلُو ؛ ج.: كِيلُوَات
Chemie	*al-kīmyā› / kīmyā›*	L 3	الْكِيمْيَاء / كِيمْيَاء
für, zu [Präp.]	*li-*	L 3	لِـ
Perlen	*lu›lu› (al-wāḥida lu›lu›a)*; Pl.: *la›ālī›*	L 3	لُؤْلُؤ (الْوَاحِدَة لُؤْلُؤَة)؛ ج.: لآلِيء
nein	*lā*	L 1	لاَ
Keine Ursache!	*lā šukr ‹alā wāǧib*	L 1	لاَ شُكْر عَلَى وَاجِب
Milch	*laban*; Pl.: *albān*	L 4	لَبَن؛ ج.: أَلْبَان
der Libanon	*Lubnān*	L 3	لُبْنَان
libanesisch; Libanese	*lubnāniyy*	L 3	لُبْنَانِي
Augenblick, Moment	*laḥẓa*	L 6	لَحْظَة
Fleisch	*laḥm*; Pl.: *luḥūm*	L 8	لَحْم؛ ج.: لُحُوم
schmackhaft, lecker	*laḏīḏ*	L 8	لَذِيذ
Sprache	*luġa*	L 5	لُغَة
Treffen	*liqā›*; Pl.: *liqā›āt*	L 1	لِقَاء؛ ج.: لِقَاءَات
aber	*lakin / lakinna*	L 3	لَكِن / لَكِنَّ
warum?	*lima*	L 4	لِمَ؟
warum? [vor Verben und Präpositionen]	*li-māḏā*	L 4	لِمَاذَا؟
nicht [als verneintes Futur verwendet]	*lan* (+ Konj.)	L 6	لَن + Konj.
London	*Landan*	L 7	لَنْدَن
Allah, Gott	*Allāh*	L 1	الله
er / sie hat	*lahu / lahā*	L 6	لَهُ / لَهَا

Libyen	*Lībyā*	L 6	لِيبْيَا
nicht, nicht sein [m./f.]	*laysa* / *laysat*	L 1	لَيْسَ / لَيْسَت
Nacht, Nachtzeit	*layl*	L 1	لَيْل
Gute Nacht!	*layla sa‹īda*	L 1	لَيْلة سَعِيدَة
Nacht	*layla*; Pl.: *layālin*	L 1	لَيْلَة؛ ج.: لَيَالٍ
Limonen, Zitronen	*laymūn* (*al-wāḥida laymūna*)	L 8	لَيْمُون (الْوَاحِدَة لَيْمُونَة)
zweihundert	*mi›atān*	L 3	مِئَتَان
Historiker	*mu›arriḫ*	L 3	مُؤَرِّخ
Verfasser, Autor	*mu›allif*	L 3	مُؤَلِّف
1.) was [Fragepron. / unbest. Relativpron.] 2.) nicht [Umgangsspr.]	*mā*	L 1	مَا
nicht [zur Negation des Perfekts]	*mā*	L 7	مَا
Wasser; Pl.: Gewässer	*mā›*; Pl.: *miāh*	L 3	مَاء؛ ج.: مِيَاه
was? was gibt es? [vor Verben und Präp.]	*māḏā?*	L 1	مَاذَا؟
vergangen; Vergangenheit [m./f.]	*māḍin* (*al-māḍī*) / *māḍiya*	L 8	مَاضٍ (الْمَاضِي) / مَاضِيَة
Eßwaren, Speisen	*ma›kūlāt* (Pl.)	L 3	مَأْكُولَات (ج)
Mama	*māmā*	L 7	مَامَا
Museum	*matḥaf*; Pl.: *matāḥif*	L 8	مَتْحَف؛ ج.: مَتَاحِف
wann?	*matā?*	L 4	مَتَى؟
wie, gleich wie	*miṯl*	L 8	مِثْل

Lehrer; Dozent	*mudarris*	L 1	مُدَرِّس
Schule	*madrasa*; Pl.: *madāris*	L 4	مَدْرَسَة؛ ج.: مَدَارِس
zur Schule gehörig	*madrasiyy*	L 5	مَدْرَسِيّ
studiert, untersucht; wohlüberlegt	*madrūs*	L 5	مَدْرُوس
Madani [Stadt im Sudan]	*Madanī*	L 4	مَدَنِي
Stadt	*madīna*; Pl.: *mudun*	L 1	مَدِينَة؛ ج.: مُدُن
Marrakesch; *früher auch*: Marokko	*Marrākiš*	L 6	مَرَّاكِش
Marmelade	*marabbā*; Pl.: *marabbāt*	L 8	مَرَبَّى؛ ج.: مَرَبَّات
Mal	*marra*	L 8	مَرَّة
Willkommen! Hallo! Grüß dich!	*marḥaban*	L 1	مَرْحَبًا
beruhigend; bequem, gemütlich, komfortabel	*murīḥ*	L 6	مُرِيح
Abend	*masā›*; Pl.: *amsiya*	L 1	مَسَاء؛ ج.: أَمْسِيَة
Guten Abend! [Gruß und Gegengruß]	*masā› al-ḫayr – masā› an-nūr*	L 1	مَسَاء الْخَيْر – مَسَاء النُّور
Kanzler	*mustašār*	L 7	مُسْتَشَار
Krankenhaus	*mustašfā*; Pl.: *mustašfayāt*	L 4	مُسْتَشْفَى؛ ج.: مُسْتَشْفَيَات
Moschee	*masǧid*; Pl.: *masāǧid*	L 8	مَسْجِد؛ ج.: مَسَاجِد
Theater	*masraḥ*; Pl.: *masāriḥ*	L 2	مَسْرَح؛ ج.: مَسَارِح
Muslim	*muslim*	L 1	مُسْلِم
christlich; Christ	*masīḥiyy*	L 1	مَسِيحِيّ

Getränk	*mašrūb*; Pl.: *mašrūbāt*	L 8	مَشْرُوب؛ ج.: مَشْرُوبَات
beschäftigt; belegt	*mašġūl*	L 5	مَشْغُول
Aprikosen	*mišmiš* (*al-wāḥida mišmiša*)	L 4	مِشْمِش (الْوَاحِدَة مِشْمِشَة)
Lampe, Laterne	*miṣbāḥ*; Pl.: *maṣābīḥ*	L 6	مِصْبَاح؛ ج.: مَصَابِيح
Ägypten	*miṣr*	L 1	مِصْر
ägyptisch; Ägypter	*miṣriyy*	L 6	مِصْرِيّ
Fabrik; Betrieb	*maṣba‹*; Pl.: *maṣābi‹*	L 8	مَصْنَع؛ ج.: مَصَانِع
Flughafen, Flugplatz	*maṭār*; Pl.: *maṭārāt*	L 8	مَطَار ؛ ج.: مَطَارَات
Küche	*maṭbaḫ*; Pl.: *maṭābiḫ*	L 6	مَطْبَخ؛ ج.: مَطَابِخ
Restaurant	*maṭ‹am*; Pl.: *maṭā‹im*	L 7	مَطْعَم؛ ج.: مَطَاعِم
mit [Präp.]	*ma‹a*	L 1	مَعَ
Heil begleite dich! Auf Wiedersehen! Leb wohl!	*ma‹a s-salāma*	L 1	مَعَ السَّلاَمَة
mild [Wetter]	*mu‹tadil*	L 5	مُعْتَدِل
Entschuldigung!	*ma‹ḏira*	L 7	مَعْذِرَة
Lehrer	*mu‹allim*	L 1	مُعَلِّم
Macht nichts! Nicht so schlimm! Was soll's! Entschuldigung! [Umgangssprache]	*ma‹līš*	L 1	مَعْلِيش
Institut	*ma‹had*; Pl.: *ma‹āhid*	L 6	مَعْهَد؛ ج.: مَعَاهِد
ich habe, ich habe bei mir	*ma‹ī*	L 7	مَعِي
Leben; Lebensart	*ma‹īša*	L 8	مَعِيشَة
(das) Verlassen; Abreise	*muġādara*	L 8	مُغَادَرَة

Marokko, Maghreb	*al-Maġrib*	L 5	الْمَغْرِب
marokkanisch; Marokkaner	*maġribiyy*; Pl.: *maġribiyyūn* / *maġāriba*	L 6	مَغْرِبِيّ؛ ج.: مَغْرِبِيُّون / مَغَارِبَة
Gespräch, Unterredung	*mukālama*	L 6	مُكَالَمَة
Telephongespräch	*mukālama tilifūniyya*	L 6	مُكَالَمَة تَلَفُونِيَّة
Platz; Stelle; Ort	*makān*; Pl.: *amākin* / *amkina*	L 5	مَكَان؛ ج.: أَمَاكِن / أَمْكِنَة
Büro, Arbeitszimmer; Schreibtisch	*maktab*; Pl.: *makātib*	L 3	مَكْتَب؛ ج.: مَكَاتِب
Bücherei, Bibliothek; Buchgeschäft; Schreibwaren-geschäft	*maktaba*	L 1	مَكْتَبَة
Kleidungsstück, Gewand; *Pl.*: Kleider, Kleidung	*malbas*; Pl.: *malābis*	L 4	مَلْبَس؛ ج.: مَلاَبِس
König, Monarch	*malik*; Pl.: *mulūk*	L 1	مَلِك؛ ج.: مُلُوك
ausgezeichnet	*mumtāz*	L 5	مُمْتَاز
Schauspieler; Vertreter	*mumaṯṯil*	L 8	مُمَثِّل
möglich	*mumkin*	L 7	مُمْكِن
Königreich Marokko	*al-Mamlaka l-Maġribiyya*	L 6	الْمَمْلَكَة الْمَغْرِبِيَّة
Königreich	*mamlaka*; Pl.: *mamālik*	L 6	مَمْلَكَة؛ ج.: مَمَالِك
von, aus; nach; über; durch [Präp.]	*min*	L 1	مِن

woher?	*min ayna?*	L 4	مِن أَيْنَ؟
bitte! [als Aufforderung; m./f.]	*min faḍlika / min faḍliki*	L 8	مِن فَضْلِكَ / مِن فَضْلِكِ
vorher	*min qabl*	L 8	مِن قَبْل
wer?	*man?*	L 1	مَن؟
Beruf, Gewerbe	*mihna*; Pl.: *mihan*	L 2	مِهْنَة؛ ج.: مِهَن
Ingenieur	*muhandis*	L 1	مُهَنْدِس
analog, entsprechend	*muwāfiq*	L 8	مُوَافِق
anwesend; vorhanden	*mawǧūd*	L 6	مَوْجُود
Musik	*mūsīqā* (f.)	L 7	مُوسِيقَى (م)
Gegenstand; Thema; These	*mawḍū‹*; Pl.: *mawāḍī‹* / *mawḍū‹āt*	L 6	مَوْضُوع؛ ج.: مَوَاضِيع / مَوْضُوعَات
Platz	*maydān*; Pl.: *mayādīn*	L 8	مَيْدَان؛ ج.: مَيَادِين
Mailand (*ital.*: Milano)	*Mīlānū*	L 3	مِيلاَنُو
München	*Myūniḫ*	L 8	مْيُونِخ
selten; ungewöhnlich; einmalig	*nādir*	L 8	نَادِر
selten [Adv.]	*nādiran*	L 8	نَادِرًا
rufen	*nādā* [*ana nādaytu, yunādī*] (+ Akk.)	L 8	نَادَى [أَنَا نَادَيْتُ، يُنَادِي] (ه/ه)
Leute	*nās*	L 4	نَاس
Verleger	*nāšir*	L 1	نَاشِر
Erfolg	*naǧāḥ*; Pl.: *naǧāḥāt*	L 7	نَجَاح؛ ج.: نَجَاحَات
wir	*naḥnu*	L 1	نَحْنُ
fleißig	*našīṭ*; Pl.: *nušaṭā›*	L 5	نَشِيط؛ ج.: نُشَطَاء
halb; Hälfte	*niṣf*; Pl.: *anṣāf*	L 8	نِصْف؛ ج.: أَنْصَاف
sauber	*naẓīf*; Pl.: *nuẓafā›*	L 8	نَظِيف؛ ج.: نُظَفَاء

ja	*na‹am*	L 1	نَعَم
Geld	*nuqūd* (Pl.)	L 7	نُقُود (ج)
österreichisch; Österreicher	*nimsiyy / nimsawiyy*	L 2	نِمْسِيّ / نِمْسَاوِيّ
Tag	*nahār*; Pl.: *anhur*	L 1	نَهَار ؛ ج.: أَنْهُر
Guten Tag!	*nahāruka sa‹īd*	L 1	نَهَارُكَ سَعِيد
Licht	*nūr*; Pl.: *anwār*	L 1	نُور ؛ ج.: أَنْوَار
dieser [m./f.]	*hāḏā / hāḏihi*; Pl.: *hā›ulā›i*	L 4	هَذَا / هَذِهِ؛ ج: هَؤُلَاءِ
Pyramide	*haram*; Pl.: *ahrām / ahrāmāt*	L 8	هَرَم؛ ج.: أَهْرَام / أَهْرَامَات
[Fragepartikel der Satzfrage]	*hal?*	L 1	هَل؟
sie [m./f. Pl.]	*hum / hunna*	L 1	هُم / هُنَّ
hier	*hunā*	L 1	هُنَا
dort	*hunāka*	L 4	هُنَاكَ
er / sie [Sg.]	*huwa / hiya*	L 1	هُوَ / هِيَ
Hobby	*hiwāya*	L 2	هِوَايَة
Schrecken, Entsetzen	*hawl*; Pl.: *ahwāl*	L 8	هَوْل؛ ج.: أَهْوَال
und	*wa*	L 1	وَ
eins	*wāḥid*	L 8	وَاحِد
müssen	*waǧaba* [*yaǧibu*] (*an*)	L 7	وَجَبَ [يَجِبُ] (أَن)
finden, antreffen	*waǧada* [*yaǧidu*] (+ Akk.)	L 8	وَجَدَ [يَجِدُ] (ه/ه)
Rosen	*ward* (*al-wāḥida warda*)	L 4	وَرْد (الْوَاحِدَة وَرْدَة)
Minister	*wazīr; Pl.: wuzarā›*	L 1	وَزِير ؛ ج.: وُزَرَاء
Mitte	*wasaṭ*; Pl.: *awsāṭ*	L 1	وَسَط؛ ج.: أَوْسَاط
Ankunft, Eintreffen	*wuṣūl*	L 8	وُصُول
Zeit, Zeitraum	*waqt*; Pl.: *awqāt*	L 1	وَقْت؛ ج.: أَوْقَات

fallen *Präs.*: liegen, gelegen sein	*waqaʿa* [*yaqaʿu*]	L 5	وَقَعَ [يَقَعُ]
Junge, Kind; Sohn	*walad*; Pl.: *awlād*	L 4	وَلَد؛ ج.: أَوْلاَد
o du! [Vokativpartikel]	*yā*	L 1	يَا
Mein Gott! Gütiger Himmel! [Ausruf der Verwunderung]	*yā salām*	L 6	يَا سَلاَم
essen	*ya›kulu* (+ Akk.)	L 3	يَأْكُلُ (هـ)
Vorwärts! Los! Schnell! [umgangssprachlich]	*ya-llāh*	L 8	يَالله
bleiben	*yabqā*	L 1	يَبْقَى
lieben, mögen	*yuḥibbu* (+ Akk.)	L 2	يُحِبُّ (هـ/هـ)
Hand	*yad* (f.); Pl.: *aydin* / *al-aydī* / *ayādin* / *al- ayādī*	L 4	يَد (م)؛ ج: أَيْدٍ / الأَيْدِي / أَيَادٍ / الأَيَادِي
lernen; studieren	*yadrusu* (+ Akk.)	L 1	يَدْرُسُ (هـ)
gehen; fortgehen, dahingehen	*yaḏhabu* (*ilā*)	L 1	يَذْهَبُ (إِلَى)
schicken, senden	*yursilu* (+ Akk., *ilā*)	L 4	يُرْسِلُ (هـ/هـ إِلَى)
malen, zeichnen	*yarsumu* (+ Akk.)	L 4	يَرْسُمُ (هـ/هـ)
fahren; reisen	*yusāfiru*	L 4	يُسَافِرُ
fragen	*yas›alu* (+ Akk., *ʿan*)	L 4	يَسْأَلُ (هـ/هـ عَن)
wohnen; sich beruhigen	*yaskunu* (*fī*)	L 1	يَسْكُنُ (فِي)
trinken	*yašrabu* (+ Akk.)	L 4	يَشْرَبُ (هـ)
in den Morgen eintreten; erwachen	*yuṣbiḥu*	L 1	يُصْبِحُ

wissen; kennen	*ya‹rifu* (+ Akk.)	L 4	يَعْرِفُ (ه/ه)
arbeiten; machen, tun	*yaf‹alu* (+ Akk.)	L 1	يَفْعَلُ (ه)
treffen, begegnen	*yuqābilu* (+ Akk.)	L 1	يُقَابِلُ (ه/ه)
schreiben	*yaktubu* (+ Akk.)	L 3	يَكْتُبُ (ه)
es ist möglich, daß	*yumkinu* (*an* / *al-* Verbalsubstantiv)	L 6	يُمْكِنُ (أَن / الْ- Verbalsubstantiv)
der Jemen	*al-Yaman*	L 3	الْيَمَن
es gibt, es befindet sich	*yūğadu* / *tūğadu*	L 4	يُوجَدُ / تُوجَدُ
heute [Adv.]	*al-yawm*	L 4	الْيَوْم
Tag	*yawm*; Pl.: *ayyām*	L 3	يَوْم؛ ج.: أَيَّام
eines Tages [Adv.]	*yawman*	L 8	يَوْمًا
täglich [Adv.]	*yawmiyyan*	L 8	يَوْمِيًّا

Aus unserem Programm

As-Sabil: Grundlagen der arabischen Verblehre

von Dr. Mohamed Badawi & Dr. Christian A. Caroli

Umfang: 367 Seiten • Format: 24 x 17 cm • ISBN 13: 978-3-938828-14-4

Preis: EUR 39,95 (inkl. 7% MwSt.)

Dieser Band aus der Lehrbuchreihe beschäftigt sich im speziellen mit der Verblehre des Neuhocharabischen, einem der kompliziertesten Bereiche dieser Sprache überhaupt. Dabei soll eine systematische Übersicht geboten werden, um so dem Lernenden eine Erleichterung beim Erlernen der arabischen Sprache an die Hand zu geben. Zu diesem Zwecke beinhaltet der Band neben Tabellen zu 32 verschiedenen Verbgruppen mit Untervariationen eine ausführliche Einführung in die Grundlagen der arabischen Verblehre.

As-Sabil-Sammelbände für Kulturpluralismus

Band 1: Europa und der Islam

Hrg. von Dr. Mohamed Badawi & Dr. Christian A. Caroli

Umfang: 224 Seiten • Format: 24 x 17 cm • ISBN 13: 978-3-938828-04-5

Preis: EUR 29,99 (inkl. 7% MwSt.)

Das Buch stellt den ersten Band der thematischen Reihe „As-Sabil Sammelbände für Kulturpluralismus“ dar. Ziel der Reihe ist es, anhand verschiedener Themen einen Einblick in die arabische Welt, den Islam und deren Verhältnis zu anderen Ländern und Kulturen zu geben. Die Beiträge stammen sowohl von Studierenden als auch von Lehrenden unterschiedlicher Fachrichtungen. Trotz ihrer wissenschaftlichen Ausrichtung sind die Essays allgemein verständlich und richten sich an ein breites Lesepublikum.

Sowohl Studierende als auch Lehrende und (Privat-) Forschende unterschiedlicher Fachrichtungen können ihre Beiträge einsenden (*as-sabil@badawi.de*).